Rebellious Berlin

叛逆柏林

陳思宏

Achim Plum——攝影

撒野之後，寫故事（自序）

一九九九年夏天，我第一次來柏林。當時我失戀了，窩在師大路的雅房裡，不肯出門。好友臺美光買便當來找我，聽我說失戀故事，她說：「暑假出去走走吧。」Esther 拉我出門，去師大校園的操場散步，一圈又一圈，青春原地繞著，她也說：「去旅行吧。」暑假來臨前，我得到了某個文學獎，獎金剛好夠買一張機票，我決定出走。去哪？我當時反覆聽著一張柏林樂團 Rosenstolz 的ＣＤ，歌曲裡的德文歌詞我一句都不懂，但女主唱的煙嗓總讓我想哭。買機票的時候，我在電話上跟客服小姐說：「那，就一張臺北、柏林來回機票吧。」

我當時是個迷惘文青，愛劇場，讀蘇珊・桑塔格，在師大報名了法文班，房間牆上貼著波蘭電影海報，在雜貨店買完生活用品會提著抽取式衛生紙、沐浴乳在如今已經被時光吞掉的政大書城裡貪讀文學。其實當時我不憂鬱，但身體不自由，心靈無方向，胡亂讀書，總是用大笑掩飾恐懼。

我一到柏林，馬上就發現這是文青撒野好所在。

第一晚，我直奔劇場，德語劇場導演愛在舞臺上噴血、讓演員全裸嘶吼，舞臺上一個演員拿真刀恫嚇，血腥劇場把我的時差都嚇醒了。坐我旁邊的女孩，邀我去派對，我跟著進入了一個被塗鴉佔領的破爛公寓，那晚，我跟許多劇場演員、小說家、詩人聊天。陌生人問我：「你呢？你在做什麼？」我說：「我寫作，演很差勁的戲。」陌生人完全沒有以「經濟」來幫我找人生位置，只說：「那你來對地方了。柏林，到處都是差勁的演員，還有不會拼字的作家。但大家都好可愛。」

在臺北，我的「志業」得到的反應通常是：「那你怎麼活？」「你們文青寫的東西賣給鬼看啊。」「演舞臺劇沒薪水拿吧？」

那個柏林夏天，我的假期就是在劇場、柏林愛樂、銳舞派對、文學朗讀會裡度過。熱愛藝文的我，在柏林看到了許多文化人努力創作的姿態，那不是用貨幣可度量的付出，那就只是追求「美」的絕對熱情。離開柏林前，我在萬湖（Wannsee）湖畔野餐，陽光好，身邊的男女老少全都一絲不掛，我也突然發現泳褲的布料原來是彆扭，於是把褲子留給草地，奔往水裡噗通一跳，湖水柔軟地緊貼肌膚，自由的身體，原來如此清涼。失戀？我到柏林第一天其實就忘了這件事，這城市有撞擊人的力道，我站在柏林圍牆前，聽著為了翻牆追自由的死難故事，我自以為是的小悲傷，就自動瓦解了。

回到臺灣後，我開始書寫這個夏天，在柏林看的音樂劇觀後感在表演藝術雜誌刊出，我努力以柏林為主題寫散文小說，妄想眾多文學獎的獎金可以讓我再度重訪柏林。

幾年後，我竟然就真的搬到柏林。

在柏林，我領了一張德國聯邦記者證，開始採訪的工作。我持續不斷地在自由副刊、聯合副刊、表演藝術雜誌、國語日報、文訊、印刻文學生活誌等寫柏林。我生活著，學習著，愛著。漸漸地，當年那個瘦弱文青，在柏林加載了十公斤歲月人肉鉛塊，在異鄉生活的磨練下，變得樂觀豁達，笑的時候很真心，在街上騎腳踏車時敢旁若無人地大聲唱歌，聽到節奏隨時可起舞，在地鐵裡看到醉漢當場脫褲尿尿，也能跟柏林人一起無聲觀看，靜靜地移動到別的車廂。

幾年前在文學獎的頒獎典禮上，九歌出版社的總編輯陳素芳跟我說：「我有讀你在聯合副刊上寫的『城市角落：柏林』專欄，太短了啦，每一篇五百字，有沒有可能，寫更多？」

終於，那個口頭的文字邀請，成為今日的《叛逆柏林》。我傾聽柏林，書裡所有的人事物，都感動了我，我於是用文字寫下這些真實。柏林任我撒野，也給我空間，讓我安靜書寫。我眼中的柏林，狂放不做作，窮酸卻性感，新世紀的自信與歷史的傷痕交錯成獨特的城市織錦。當今的柏林，經濟履歷上還有赤字，市政府仍處於破產狀態，許多人靠著微薄的失業救濟金，勉強活著。但這裡的人文風景卻煥發蓬勃，藝術家、作家、電影人在此聚集，城市在與經濟數字搏鬥的同時，藝文工作者在這裡完成了許多動人的作品。

這是，柏林的掙脫術。歷史的繩索曾經牢牢套住這城市，但柏林的反叛精神沒有被摧毀，城市從廢墟裡重生，推倒了切割人民的冰冷圍牆，逃脫過往的陰霾，這是全新的柏林。

全書交稿後，我去參加柏林的龍舟大賽，但因有約提早離開。當天晚上，臺灣龍舟代表隊打電話來跟我說：「你才走不到五分鐘，BSR的人就來找你啦。他們託付我一袋禮物，要我轉交給你。」去年此時，我在這個湖畔看到「柏林城市清潔」公司（BSR）所組成的龍舟代表隊，在國語日報的專欄上寫下〈橘色打掃龍〉這篇文章。刊出後，我把文章大意與報紙寄給「柏林城市清潔」公司，想不到，他們把我的文章放進了公司內部的刊物裡，而且龍舟代表隊帶著禮物，在今年的龍舟大賽現場尋找我的蹤影。他們問：「那位臺灣來的作者呢？」

隔天，我輾轉收到了禮物。帽子、腰包、鑰匙圈，全都是「柏林城市清潔」的紀念品。我戴上帽子，翻閱他們的公司刊物，眼熱。雖然我們完全沒直接碰面聊天，但對我來說，他們就是說故事的人，我的筆是耳朵，我只是個愛聽故事的大孩子。該感謝的人是我，這些人，這座城市，把他們的故事囑咐給我，我只怕自己的文字力道不夠，對不起這些動人的故事。

是我，我在這裡，我就是那位臺灣來的作者。這是我寫的書。書寫，就是我能給的，最真心的感謝。

名家推薦

這是流動油膜光彩般感情的散文，裡頭有關德國柏林的小故事，醇厚真情，無論你有沒有去過柏林，都令人流連與驚豔。這也是另類旅遊書，從歷史與人文述說一座城市，令人愛不釋手，絕對能引領旅者進入柏林的深度靈魂之旅。

——甘耀明（作家）

這人我認得，《叛逆柏林》一定有看頭，相信我！

——李崗（導演）

我喜歡到柏林拜訪思宏，因為他對事物的高昂熱情總能深深感染他人：一條街道、一個人、一盤菜、一件事。他總是開懷大笑替人解惑，在他身上沒有「異地」

這名詞。如今，這些熱情出版了，文字與圖象描繪柏林與種種感動故事，他的眼與筆，不漂流不疏離，吐露迷人的交雜與融合。我也許沒有機會常去拜訪他與柏林，但現在終可以藉著閱讀，一頁一頁隨他晃蕩柏林。

——吳億偉（作家）

思宏不寫印象中壯觀理性的柏林，他愛寫瘋狂的，另類的，敏感多情的柏林。我特別喜歡看他寫那些城市暗影下，他與各種叛逆人物相遇的曲折故事，我相信這些故事才是一個城市的真正靈魂。

——侯季然（導演）

《叛逆柏林》不只是遊德必備的導覽書，更是一本深層探索跨種族、性別、文化地景的好書。無論是你住在臺灣，或是即將啟程流浪，這本結合旅行與文化思索的書，將是最佳遊伴。

——高維泓（臺大外文系副教授）

總羨慕陳思宏有一抹獨特氣味，綻現在他的長、短篇小說裡緊湊纖麗，折映在他的人生，則有戲劇也偷不來的神祕轉折。我常懷疑他是無國界的——所幸柏林是一座夠悍的城市，才足以與他血液裡流動的詩意匹配。

——孫梓評（作家）

陳思宏隨緣居住柏林，卻比柏林人更柏林的把生活中的所見所聞轉譯為心影與圖象，呈現出柏林豐富的歷史文化內容，在流蕩著率性與誠懇的生動敘述間，我們不止看到了引人入勝的多面貌柏林，也讀到陳思宏豐沛的情感與種種思想軌跡，這是一個世界的柏林，也是小說家思宏居住柏林的內在心靈景觀。

——蔡素芬（作家）

他在東方失戀，卻在西方邂逅了更加迷戀的對象。對方是一座讓他重新定義生命意義的城市。這種情境讓旅居的層次提升，一座城市的文化指南於焉誕生。閱讀此書，彷彿在聆聽他的愛戀故事。他如何跟一座城市交往，親密對話，或者拌嘴、吵架。但再如何困頓，他似乎已經難以和她分離。

——劉克襄（作家）

思宏是個說故事的高手；從台北到柏林，他敘述的生命故事，總是讓人豎起耳朵聆聽，用心感受，如同一幅幅生動的畫作，其中人物栩栩如生，躍然紙上，讓聽者與觀者隨時都有動人心魄的體會。這些觸動靈魂深處的音符，串聯起來，譜出一曲曲異鄉生活的謳歌。《叛逆柏林》的書寫，超越時空的限制，連結歷史、跨越疆界、種族、性別的相異性，將人們的心緊密地扣在一起。

——劉雪珍（輔大英文系副教授）

柏林是我心目中最精采的城市，但其精采處卻即使是長住也難以盡窺。陳思宏以他積極的冒險性格、犀利的觀察思辨，呈現了一個多元而深入的當代柏林，令我讀來只想立刻再踏上旅程。對於任何想了解當代德國文化的人，這是我推薦書單的第一名。

——鴻鴻（詩人。現任《衛生紙+》主編）

《叛逆柏林》不僅讓我嚮往柏林；更讓我嚮往的是作者那份勇於冒險、卻又願意細心感受周遭一切的赤子之心。閱讀它，不禁喚起我血液中那股想要出走的騷動；闔起書本，更不禁讚嘆，活著，真是件美妙的事！

——鄭有傑（導演）

SO36

Berlin

輯一：牆起、牆倒

不能說天使

聖誕節前幾天，我從臺灣回到柏林，在零下十三度的街頭上拖著大行李，還留著彰化老家暖意的身體迎上漫天白雪，骨關節冰封，時差拉扯手臂，有那麼一刻，我確定要丟棄行李，先回家大睡再說。突然手機在口袋裡吼叫踢打，我不情願地接起，法蘭克的聲音傳來：「你回來了！今天晚上我們家開聖誕派對，希望你能來。」我匆忙答應，掛上電話，疲倦地坐在行李上淋雪。幾年前，我也是拖著這個大行李來到了柏林，來學習、尋覓人生新方向，結果和這個都市相戀，就此安然定居。這些年來我以作者的身分，不斷書寫柏林，一回頭，我在這座城生活已經五年了。突然兩個小孩從我身邊經過，他們正幫父親把剛買的聖誕樹搬回家，他們一路笑鬧著，聖誕樹刷過雪地，留下馨香的痕跡。他們的笑聲充滿熱度，逼退周遭的雪，點亮滿街的聖誕燈飾，在街上開出一條溫暖的路，給了我再度啟程的力量。我尾隨這熱度回到住處，信箱裡滿著聖誕賀卡，我微笑想著，聖誕節在我回臺灣期間，悄悄佔領了柏林。

梳洗休息過後，我在聖誕購物的人潮裡，挑選禮物給法蘭克。他幾個月前剛跟依薇結婚，我一直都沒機會送個賀禮。他們結識於互助團體，法蘭克因為失業而憂鬱，依薇則是

1	
2	4
3	

1.、4. 柏林「憲兵廣場」上的聖誕市集，是柏林最受歡迎的聖誕市集之一。
2. 柏林「憲兵廣場」上聖誕市集裡扮演天使的人。
3. 柏林「憲兵廣場」上的聖誕市集，是柏林最受歡迎的聖誕市集之一。照片裡為南瓜子與杏仁。

Kürbiskerne
Mandeln
3,00 €
5,00 €

上一段感情挫敗而沮喪。他們都來自前東德，二十年前柏林圍牆倒塌時，他們都剛成年，歷史往他們快速追撞，兩人的前東德文憑與履歷在統一後的德國屢遭拒絕。在互助團體裡，兩人相戀，相似的成長脈絡驅走孤單，憂鬱遠離。

我其實並非很會選禮物的人，只挑了個天使玩偶，想說應景。一到他們家，我拿出禮物說：「送你們天使，聖誕快樂！」沒想到大夥馬上說：「噓！不能說天使！」法蘭克收下禮物，對著我的疑惑說：「電話上忘記跟你說，今天聖誕派對的主題是前東德，一切都按照黨的旨意來！」

原來，在前東德，共產黨揚棄宗教，沒有聖誕節這回事。但是依照共產黨的節日規律，年底也是有個節慶，工會舉辦聚會，家人團聚，剛好跟前西德的聖誕節同時。為了規避宗教，天使不能稱為天使，而是怪異的「年終翅膀人物」(Jahresendflügelfigur)。我此時才發現派對上根本沒聖誕樹、閃閃發亮的燈飾、聖誕老人，而有一種我不熟悉的舊時氣氛。法蘭克跟依薇從網路上訂了許多前東德的食品，音響傳來老曲調，人們身上是衣櫃底層挖出來的舊衣，整個公寓是一九八九年兩德統一前的時空膠囊。來自前東德的人們講述著過節的往事，買不到西方食品過節，但是有來自共產古巴的難吃柳橙，還有過分甜膩的巧克力。依薇指著桌上的亮彩鋁箔紙說，當年她媽每年都要把這張鋁箔紙重新拿出來用熨斗燙過，鋪在桌上閃閃發亮，過節的氣氛就完成了。有一年，在尋找這張鋁箔紙的過程當中，依薇的爸爸在牆縫中找到了某種東西，他不出聲在紙上寫下：「我想，我們被祕密警察史塔西（Stasi）監聽了。」

那年，他們全家依然照樣過節，努力正常交談。但是依薇清楚記得，全家人的手在餐桌上緊握著，每個人都在顫抖。

她的語氣很平靜，卻讓來自前西德的朋友跟我都深深震動。那樣的極權踐踏百姓，卻阻止不了一家人緊緊相依。大家舉杯，不說聖誕快樂，只說：「敬自由。」

我於是懂了，這樣的主題派對不是緬懷前東德，而是用過往的桎梏，對比今日的自由。雖然步履闌珊，法蘭克跟依薇依然珍惜此時，柏林圍牆消失了，共產瓦解，他們可以旅行，可以投票，可以大聲說天使。

我離開派對時，看到一群小朋友躺在地上揮動雙臂，雪地上形成了天使翅膀的圖案，孩子們笑著：「我是天使！」

今晚，我面前這些「年終翅膀人物」，不屬於宗教，而是自由。

柏林「憲兵廣場」上的聖誕市集，是柏林最受歡迎的聖誕市集之一

虛線上的骨牌

現在走在柏林，除非特定地點，否則根本看不到柏林圍牆，只有一條歷史的虛線存在人們心中。二〇〇九年十一月九號，是柏林圍牆倒塌二十週年紀念日。為了紀念這天，柏林市政府激發創意，決定以「骨牌」來象徵這個改變世界歷史的時刻。市政府準備了超過一千個大型骨牌，沿著當年圍牆存在的地理虛線矗立，從波茨坦廣場、經過布藍登堡大門、來到德國國會，消失了二十年的柏林圍牆，重現在人們眼前。

朋友馬丁當初一聽到市政府要「重建」柏林圍牆，非常不苟同。二十年前牆倒了那一夜，他離開東柏林的家，擠過人群，去西柏林找他的姊姊，彷彿走了好久才找到。門開了，他姊姊一臉惺忪回答他：「請問您是？」馬丁每次形容那一夜，總是非常魔幻：他的身體摩擦過幾萬人的騷動，皮膚刮過那些東德士兵的槍口，喇叭聲、叫囂聲、撞擊聲拉扯他的頭髮，直到他真的通過圍牆檢查哨，貪婪呼吸西柏林的自由空氣，發現身上的萬千毛細孔都像每個渴望自由的東德人一樣張嘴吶喊，衣服破了，皮帶不見了，鞋子只剩一隻。就在此刻，他回頭看，發現牆的另一邊，就是他東柏林院子裡那棵大樹。少了這堵牆，見到親人，原來只有幾步路。

超過一千個大型骨牌，沿著當年圍牆存在的地理虛線聳立，從波茨坦廣場、經過布藍登堡大門、來到德國國會，消失了二十年的柏林圍牆，重現在人們眼前。

這段路，他卻覺得走了一輩子。

所以當他女兒馬雅跟他說：「爸爸，我們這幾天在學校畫骨牌，就是新的柏林圍牆喔！」他非常憤怒，跟女兒告誡：「那牆早就倒了，不要去參加那個爛計畫！」

馬雅懂自己爸爸的脾氣，每次爸爸多喝了幾杯啤酒，或者支持的足球隊輸了，就會坐在沙發上嘮叨往事，關於前共產東德的前朝遺事，馬雅一聽就翻白眼。馬雅說老師也歡迎家長一起到學校為那幾塊大型骨牌貢獻一點創意，隔天就硬拉著爸爸到學校去。在學校，老師把小朋友們分組，幾個人負責一塊骨牌，自由創作，主題不限。其實這個把他們國家割裂的圍牆倒下時，這些小朋友根本都還沒出生，透過在空白的骨牌上畫畫，他們學習了那段重要的歷史，爸爸口中的柏林圍牆，彷彿跟他們接近了許多。馬丁看著小朋友們畫作，驚訝地發現，這些小朋友畫出來的那些亮麗的色彩，都跟自由和平有關。馬丁態度軟化，跟著女兒一起畫了一隻熊，熊手上旗幟寫著「愛與和平」。

這一千塊空白骨牌，絕大多數都先送到柏林各學校，讓學童們在上面作畫，然後沿著那條地理虛線，排列成一堵新的圍牆。少數幾塊牆，則是往國外運送，南非、南韓、以色列、巴基斯坦、印度，這些國家都還有種族、宗教、戰爭的紛爭，還有實體的圍牆，或者無形的藩籬，隔開人們。柏林市政府請那些國家的小孩在上面作畫，然後運回柏林一起擺放。

我和馬丁一家人，約好一起去拜訪那些骨牌。我佯裝自己完全不懂柏林圍牆的歷史，要馬雅教教我。「二次世界大戰後，柏林被分割成東西兩邊，為了不讓東柏林人逃往西柏林，一九六一年東德建立了柏林圍牆。一直到一九八九年，人民的力量推倒了柏林圍牆，象徵冷戰的結束。像我爸爸啊，就是在東柏林長大的，他的姊姊在圍牆開始蓋之前剛好被

送去西柏林的阿姨家，牆一蓋起來，兩個人一夕之間就分隔東西啦！」馬雅開心地說著，她是幸福的一代，但是透過這些骨牌，她與自己國家的歷史更接近，更了解自己的爸爸。

我被眼前壯觀的骨牌給震撼到，小朋友們的筆觸如此多彩，豐富的想像力在每塊骨牌上蔓延舞動，這新的骨牌牆，美到令我感動。

當晚，在幾位重要歷史人物的起始下，骨牌牆再度被人們推倒。

人們在街上歡呼歌唱，骨牌往前倒，歷史往前推，人們不要牆，不要那條地球上的虛線。跨過疆界，推倒圍牆，這時世界沒有征戰紛擾，和平在不遠處。

骨牌倒的那一剎那，我可以感受到整座城市微微顫抖。這天，馬雅與許多柏林小朋友們，以及全世界的小朋友們，都用他們的畫作參與了這個歷史時刻。這一千塊歷史虛線上的骨牌，讓我見證到德國人的省思，透過學童的參與，這紀念活動飽滿著教育傳承。

我微笑著道別，看著馬丁一家人穿過那條歷史虛線，手牽著手回家。

電視塔

我在柏林的住處位於頂樓，坐在陽臺上把視線魚網撒出去，就能捕捉到整個柏林天際線，眺望城市繁華，視野極佳。而天際線的中心，就是柏林最高的建築物：柏林電視塔。

柏林電視塔位於市中心的亞歷山大廣場，由前共產東德在一九六五年開始興建，歷時四年完工。托高的球狀主體加上天線總高三百六十八公尺，歷經柏林圍牆倒塌與兩德統一，一直都是柏林重要的城市地標，提供市民電視與收音機頻道來源。參觀者坐電梯到達球體後，這個容納了超過三百萬眾生的城市，就會在腳下三百六十度舒展。

其實我剛來柏林的時候，很不能理解為何很多人都想要住到開窗就能看到電視塔的公寓，我心想這又不是艾菲爾鐵塔，這建築的材料與呈現出來的色澤都太不溫暖，造型也一直讓我想到一根筷子插著貢丸，很不符合我對建築美學的偏好。但是，一個春天夜晚，徹底改變了我對柏林電視塔的印象。

那天我剛買了腳踏車，馬上開心上路，在城市裡大街小巷探險。柏林許多街道都設有腳踏車專用道，不用時時與人車爭道，是個城市裡移動的好方式，省錢、環保又健身。我刻意不帶地圖，只是隨意亂闖。我記得找到了一條咖啡小巷，剛磨好的咖啡粉香味浮在空中，那味道有磁力，把人們的腳步吸進去，喝杯咖啡再上路。我也記得誤闖了某位畫家的花園派對，他把畫作放在日本櫻花樹下，賓客們賞藝術、喝紅酒、聞花香。

然後我發現，我迷路了。

我所處的街道對我來說完全陌生，沒有任何熟悉的符號與路標。當時我才學過幾天德文，鼓起勇氣跟路人問路，得到的指示在耳裡都是解不開的亂碼。我試著往回騎，卻騎進一條暗巷，幾個眼神不友善的男人凝視著我的慌張。我方才冒險的雀躍全都消失，雖強做鎮定，那些從沒聽過的街名與逐漸墨黑的天

遠眺電視塔外觀

色讓我肢體僵硬。我快速轉入一條大街，卻差點撞上一輛車。我在街邊努力緩和情緒，拿起手機跟友人求救：「這有點丟臉，但是，我迷路了。」

「這簡單啊，去找電視塔。找到後，往它騎過去便是囉。」

是啊！柏林是一個沒有摩天大樓的都市，所以市中心那個高聳的電視塔，四處都可以看得到。我只要找到它，就可以找到亞歷山大廣場，從那裡，我就可以找到回家的路了。我跳上腳踏車，發現那個街道的建築物剛好遮蔽了電視塔，我往右騎看不到，往左騎是死巷，沒關係，多試了幾條街，把眼前這些建築物從視線移開後，那個在夜裡發著紅光的電視塔，就矗立在不遠處。那晚的電視塔，就像是給予海上船隻指引的燈塔，為一個遊子指引回家的路。

於是，我愛上了這電視塔。它白天高聳、夜晚明亮，從不缺席，是整個城市習慣的每天風景。

我搬進這個可看到電視塔的頂樓公寓時，德國朋友米歇來訪，望著電視塔說了一個短短的故事：一九八九年，柏林圍牆剛倒塌，整座城市動盪不安。他和朋友約好要去廣場參加和平遊行，彼此說：「就跟每次一樣，電視塔下見面吧。」結果當天電視塔下湧進了幾萬人，當時沒手機，米歇只好在人潮中努力找朋友。但是，當晚遊行結束後，共產解體、東西統一，一整個時代快速往他輾過來，二十年過去，他從來沒找到這個朋友。

我們一起在陽臺上看著天際線裡的電視塔，無言。動盪的歷史逼人失約，電視塔只是盡職矗立，從不缺席。

史塔西

噓，有人監看著我們。

「史塔西」（Stasi）是前東德的「國家安全部」，成立於一九五〇年，負責監視、滲透、蒐集情報、審判，是一個網絡密織的祕密政治警察系統。在柏林圍牆倒塌之前，「史塔西」共有超過九萬個正式雇員，加上為數驚人的通報者，整個前東德就是一個到處都有監視眼線的密閉空間，平民老百姓的一舉一動都逃不過國家控制，一旦被發現有所謂的反動或者逃往前西德的嫌疑，馬上祕密監聽、逮捕入獄。

當一個國家把「安全」當成監控人民的口號，人們於是噤口，社會成一言堂，任何牴觸中央極權的小動作都是可抓取的小辮子。你的鄰居、學生、好友、甚至配偶，都可能是負責把你的言論通報給「史塔西」的「非正式的合作者」（Inoffizielle Mitarbeiter），也就是「爪耙子」。前東德解體之前，數量龐大的「爪耙子」潛伏在大街小巷、客廳臥房，狩獵鷹眼偽裝成慈眉善目，被監看的人們不知道，自己的每一句話、今天買了什麼香腸蔬菜、跟誰眉目傳情、打了幾次噴嚏，都被詳細記錄下來。政治狗仔，無所不在。

喀嚓。那個微弱難辨的快門聲，目標是你。

其中一個小相機的鏡頭偽裝成大衣鈕釦，密探透過線控，便可拍下許多照片。

「史塔西」的總部位於柏林東邊Lichtenberg，如今是個博物館，讓民眾走入那些埋藏許多祕密的冰冷大樓，見證祕密警察滲透的能力。許多隱藏相機陳列在博物館內，手提包、垃圾桶、樹幹、汽車，任何日常生活物件都可以藏著攝影機，隨時對準獵物拍攝。其中一個小相機的鏡頭偽裝成大衣鈕釦，密探透過線控，便可拍下許多照片。兩個密封罐裝著布條，這是當時祕密警察取得人體味的工具，只要嫌犯在特定的椅子坐下，體味便會被蒐集歸檔，然後日後利用狗來追蹤。這裡所陳列的科技發明，都不是為了便民，而是擾民。

我在這個博物館內，不安地觀看這些歷史證物。雖然「史塔西」已走入歷史，但看到一個龐大的國家機器，竟然花費這麼大的力氣與經費去精心設計各種精密儀器與祕方，只為了控制人民，心裡憤怒翻湧。我也不禁感嘆，這個祕密警察系統如果沒有人民的沉默甚至加入，哪能如此完美地運作？人們被國家控制思想，沒力氣反動，只服從不質疑，是否也算一種默許？

但，憤怒會崩流，人民會爆發。

一九九○年一月十五號，憤怒的人們結集在「史塔西」總部外頭，抗議騷動。當時柏林圍牆已垮，共產東德瓦解，「史塔西」害怕監控文件外流，開始銷毀文件。消息一傳出，人們包圍「史塔西」總部，要求公開所有文件。終於，人民的力量衝破封鎖，佔領了整個總部，暴怒的人們搗毀建築，文件被丟到街上。據說，有不少祕密警察與通報者就在人群裡，伺機進入總部，取得對自己不利的文件。

於是，一個曾經無暇運轉的監控怪獸，在人民的怒吼聲中，被踐踏被唾棄。極權的確

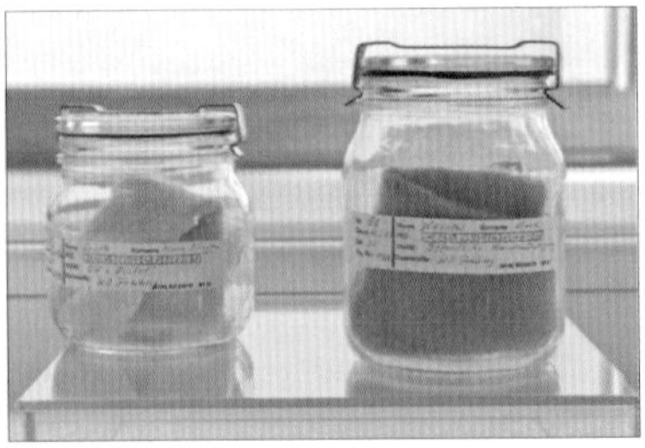

兩個密封罐裝著布條，這是當時祕密警察取得人體味的工具，只要嫌犯在特定的椅子坐下，體味便會被蒐集歸檔，然後日後利用狗來追蹤。

可帶來表面的絕對順從，但那些集體的呼喊會在桌子下慢慢累積，掀桌的那一刻，狼狽竄逃的，是誰呢？

我去參觀「史塔西」博物館當天，剛好遇上諾貝爾和平獎宣布得主。我騎腳踏車繞著整個龐大的總部，二十年過去，冰冷肅殺的氣息還未退散。耳機裡傳來電臺插播劉曉波得獎的消息，面前的政治恐怖已成為歷史灰燼，遠方，還有那麼鍾愛權力的政府，監管人們上網，媒體集體閉嘴。

注意聽。桌子下，其實，一直有聲響。

一九九〇年一月十五號，憤怒的人們結集在「史塔西」總部外頭，抗議騷動。當時柏林圍牆已垮，共產東德瓦解，「史塔西」害怕監控文件外流，開始銷毀文件。消息一傳出，人們包圍「史塔西」總部，要求公開所有文件。終於，人民的力量衝破封鎖，佔領了整個總部，暴怒的人們搗毀建築，文件被丟到街上。據說，有不少祕密警察與通報者就在人群裡，伺機進入總部，取得對自己不利的文件。

史塔西博物館裡的史塔西總部模型

集中營

殘酷就站在我面前，形體完備，毫不抽象，魁岸迫人。此刻四周無戰事，一切似乎太平無禍，年輕人的笑鬧掩埋了萬千冤魂的低泣，盛世飽足的青春哪，無法察覺殘酷的存在。但殘酷一直以不同的具體型態復活，出現在有歧視、偏見、霸凌之地。請安靜幾分鐘，默哀，正視。殘酷，一直沒停止反撲的醞釀。

晴天，我來到了位於柏林北邊的「薩克森豪森集中營」（Sachsenhausen）。這個納粹集中營建於一九三六年，是史稱納粹劊子手的黨衛隊頭目海因利希・希姆勒（Heinrich Himmler）上臺之後所建的第一個集中營，由於鄰近首都柏林，在納粹掌權期間，一直有著「示範集中營」的地位，許多黨衛隊都先在這邊受訓之後，才派駐各地集中營。在一九三六年到一九四五年間，這裡總共囚禁超過二十萬人，納粹把政治犯、同志、反納粹人士關進這裡，之後猶太人、二次大戰期間的各國戰俘也被迫加入這個人間煉獄。短短幾年間，在這裡慘死的人數難以精確計算，一九四五年蘇聯紅軍攻入柏林，解放此地時，這裡只剩下被納粹留下的三千名生病的囚犯。雖然被解放，許多倖存者，也沒能活過那個冬天。蘇聯紅軍進駐後，這塊焦土被蘇聯承接，主要用來囚禁納粹官員，幾年間又死了約一萬兩千人。一九五〇年這裡才正式關閉，煉獄烈火終於被歷史撲滅。

如今「薩克森豪森集中營」是個紀念館，讓想了解這段焦黑人類近代史的人們拜訪。這天陽光在瞳孔針灸，讓視線所及過度曝光，眼前的集中營房舍呈現一種歷史的蒼白感。當初擁擠的房舍，如今斑駁駭人，那樣過分擁擠的囚人密度，見者皆默。囚犯的廁所，馬

牢房

桶緊鄰，毫無隱私。解剖室陰森冰寒，我待不到一分鐘就拔腿奔逃，那些牆，一直傳來遙遠的哭喊。囚禁室外，有訪客置放新鮮玫瑰，燃起蠟燭，終於有微弱的溫暖。

一群歐洲青少年在營區裡笑鬧，這裡的肅殺之氣似乎無法侵犯他們，不顧領隊老師的制止，他們喧嘩追逐。我無法正確判斷他們的語言國籍，但從衣著體型判斷，都是幸福的一代，衣食無缺，「戰亂」對他們來說不過是好萊塢電影裡的特效。不能怪他們，他們真的沒見過殘酷，這片曾吋吋染血的土地，或許真的過分遙遠，他們的真實，是手機電玩裡的虛擬打殺。

但，他們進入解剖室之後，肢體收斂，全體靜默。

我思考著「集中」兩字，意思是把不適者、反對者、弱者、他族者隔離壓迫，進行所謂的社會「淨化」。拜訪集中營是逼迫自己面對殘酷，於是學會尊重異者弱者。納粹集中營走入歷史，卻不斷地在不同國家以不同的形式再現，屠殺排外沒有停止，戰爭還在發生。引申到此時此刻，校園裡被縱容的霸凌、社會對少數外來民族的歧視、打壓同志的宗教團體、甚至撲殺流浪貓狗的政策，都是「集中排除」的各種形式。殘酷一直沒離開，需要公民社會的理性反擊。

我也點起蠟燭，看著「希望」在火焰祈福裡慢慢壯大。希望與殘酷對峙著，新世紀的人們，你們將選哪邊站？

洗澡間

1	2
3	

1. 牢房
2. 廁所
3. 薩克森豪森集中營外觀

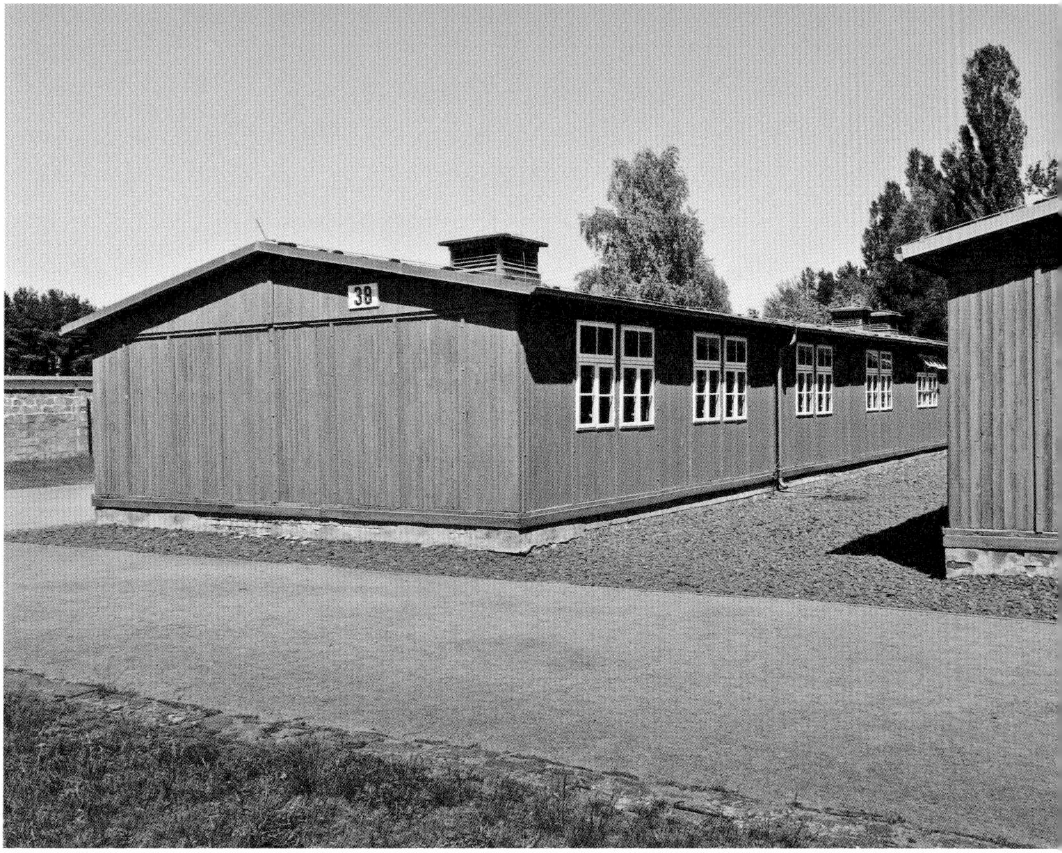
38

榮耀與廢墟：柏林一九三六

一九三六年，柏林主辦奧運，希特勒亟欲以此宣揚國威，但納粹的反猶太政策已經浮上檯面，不僅拒絕讓猶太裔選手代表德國參賽，還把城裡的吉普賽人驅離並集中管理，美國因此揚言抵制。國家的角力與種族隔離在場邊升起詭譎炊煙，以和平為訴求的奧運，卻在希特勒的演說當中開幕。希特勒找來女導演雷妮・里芬施塔（Leni Riefenstahl）用攝影機記錄場上競技，她完成的紀錄片《奧林匹亞》（*Olympia*）雖然甩不掉幫納粹做政治宣傳的嫌疑，但採用的取景、剪接，卻影響了整個電影史。黑白紀錄片裡，運動員身影都閃閃發光，民眾舉起手臂向希特勒致敬，一切都似乎完美無瑕。當年沒人能預料，短短三年後，納粹引爆第二次世界大戰。

奧林匹克運動場

當年奧運的主場「奧林匹克運動場」（Olympiastadion），是座橢圓形的競技場，建築本體的龐大體現了希特勒建立德意志榮耀的野心。大戰期間，這座位於郊區的運動場沒受到太多破壞，只有機關槍子彈，在樑柱留下「到此一遊」的暴力簽名。我剛到柏林時，德國剛完成「奧林匹克運動場」的重建工程，重新開幕那天，我首度進入了這座運動場，眼眶馬上被它的巨大給撐開，四、五萬觀眾擠滿觀眾席，為在場中央高歌的流行歌手粉紅佳人（Pink）喝采。我當時很想問問在場的德國人，大家記不記得，這座運動場的履歷？上個世紀，希特勒就在這裡，利用這個全世界最大的運動盛世來宣布，他，即將改變世界。

後來，我多次造訪此地，樂團U2、歌手羅比・威廉斯（Robbie Williams）在這裡開搖滾演唱會，我和十幾萬的歌迷一起忘我尖叫，直到最後安可曲，我的喉嚨再也發不出任何聲響。二〇〇六年德國主辦世界盃足球賽，我很幸運地搶到票，在這裡看了烏克蘭對突尼西亞的比賽，我在觀眾席上跟陌生的球迷一起

唱歌、喝啤酒、揮舞旗幟。柏林的足球隊Hertha BSC近來表現不佳，他們在這裡連連輸球、被降級時，我坐在觀眾席裡，看球迷們擁抱痛哭。平時沒賽事，我也常進入參觀，在毫無觀眾的運動場裡漫步，身旁只有徹底的寂靜，吵鬧人聲都被抽離，只剩自己，以及過於巨大的冰冷建築。慢慢地，我似乎也遺忘了這座運動場初生時的納粹身世，時空推移置換，這座城市歷經大戰、柏林圍牆、冷戰與兩德統一，此刻人們集體用呼喊的砂紙把喉嚨磨到沙啞，也把那不光彩的粗質過往，輕輕擦去。

若要親眼見證榮耀過後的破敗，只要從運動場出發，開上B5公路，就會看到一九三六年奧運選手村，矗立在公路兩旁。這群建築物當年接待各國運動員，如今卻殘破傾頹，窗戶破損，牆垣朽毀，屋頂塌陷，形成一個巨大的廢墟聚落。若在薄暮時經過，廢墟添上鬼魅色調，靜靜凝視著不斷呼嘯而過的汽車。夏天，訪客可跟著導覽參觀這個奧運選手村。我到訪那天，一陣雷雨急襲，閃電在天空怒目切齒，烏雲吸走天色，老天爺硬要給一個駭人的天氣當背景，讓我在雨中拜訪廢墟。訪客們急奔搜尋遮蔽處，我卻突然雙腳

奧林匹克運動場

B5 公路上，大多是開往專賣過季品的「柏林設計師暢貨中心」的車輛。這些車輛滿載著上幾季的華美服飾，快速經過奧運村廢墟，但「歷史」不在今天的購買清單上。

1936 年奧運選手村，如今是廢墟。

沉重，只靜靜地讓雨模糊凝視。我當時想，廢墟根本是好萊塢啊。只不過眼前的造景特效不是來自數位技術，幕後的大師名叫「歷史」，他讓這些屋子在榮耀裡誕生，然後在時空裡破敗。

雷雨來得快，去得也急，陽光驅離烏雲，大方地撒下金色光芒。B5 公路上，大多是開往專賣過季品的「柏林設計師暢貨中心」（Berlin Designer Outlet）的車輛。這些車輛滿載著上幾季的華美服飾，快速經過奧運村廢墟，但「歷史」不在今天的購買清單上。我怔怔站在廢墟前，看著車輛呼嘯，突然決定在時空割開一個洞，偷偷任自己掉進一九三六年。那天，我很好萊塢，那些過季的榮耀、歷史的槍聲都在眼前上演。

一九三六，二〇一〇，廢墟，榮耀，我在，柏林。

奧林匹克運動場一角

萬湖

站在柏林萬湖前，我總會憶起成長的時光。彰化縣永靖鄉是我的故鄉，居民大多務農，至今仍保有純樸鄉間樣貌，逼近陶淵明的「平疇交遠風，良苗亦懷新」境界。記得國一時，我愛上了西方文學，數學作業總是在書桌擱淺，心中浪濤都留給偷偷閱讀的翻譯小說。當時我讀了梭羅的《湖濱散記》，幻想在腦子裡烹煮，整天奢望著湖邊浪漫的生活。有時放學騎腳踏車回家，我會故意找個陌生的小徑，用力踩踏板，希冀在稻田的盡頭，能找到個湖泊。但最接近幻想的，就只是農家的魚池，和浮著垃圾與動物屍體的排水溝。

搬到柏林後，我攤開地圖，發現這城市擁有許多大小不一的湖，搭乘地鐵就可在湖邊下車，柏林

萬湖人造沙灘

市民擁有絕佳的天然資源。而因為我喜愛的德國作家克萊斯特（Heinrich von Kleist）在一八一一年於萬湖旁舉槍自盡，我於是馬上到他的墓前致意。克萊斯特是個憂鬱的作家，選定萬湖邊與女性友人一起結束生命，兩人就地埋葬，如今這裡是個讀者憑弔的文學場景，諾貝爾文學獎得主葛拉斯（Günter Grass）曾在代表作《我的世紀》裡以此為書寫背景。

甩掉作家之墓的鬼魅氣氛之後，我在附近散步，才發現萬湖真是個完全符合我想像的湖泊。

我許多不切實際的人生夢想之一，就是蓋個湖邊之屋，花園可任我蒔花栽樹，岸邊打造一個私人碼頭，天暖就脫衣跳進水裡抓蝦捕魚、划船追浪，天寒湖面結冰，就穿溜冰鞋

1
2

1. 克萊斯特是個憂鬱的作家，選定萬湖邊與女性友人一起結束生命，兩人就地埋葬，如今這裡是個讀者憑弔的文學場景，諾貝爾文學獎得主葛拉斯曾在代表作《我的世紀》裡以此為書寫背景。

2. 萬湖會議之屋

德國印象派畫家李柏曼位於萬湖的故居

萬湖會議之屋

學學關穎珊，來個湖面騰空三轉單腳落地，滿分！我一站在萬湖面前，就看到我夢中的那些湖邊別墅，沿著湖畔併立，它們在陽光下金黃閃爍，自成高級住宅區，彷彿這世界本該如此，有湖水有香花，安逸享樂。

德國印象派畫家李柏曼（Max Liebermann）位於萬湖的故居，在我眼中就是個夢幻之屋。這棟別墅前後院都有精心設計的花園，春花怒放，綠樹矗立，擁有私人碼頭，畫家生前在這裡打造他理想的湖邊別墅，讓他與家人能在這裡度過美好夏日時光。我一直很喜愛李柏曼的畫作，他用生動筆觸描繪海邊、湖邊百態，畫作裡人們開心地游泳、散步，夏日靜好，世間太平。但他的猶太裔身分，不免被納粹盯上。他一九三五年過世時，納粹已奪權，德國境內猶太人騷動不安。他死後，納粹逼迫他遺孀瑪莎・李柏曼（Martha Liebermann）賣掉這棟湖邊別墅。一九四三年，已經八十五歲的瑪莎・李柏曼收到通知，集中營即將是她躲不了的命運。在納粹到達之前，她選擇用自殺，終結納粹對她的迫害。

如今，李柏曼故居對外開放，屋內展出李柏曼重要的畫作，屋外花園百花招搖，湖水粼粼清澈，彷彿納粹的軍靴沒踐踏過這裡，一切又回歸平靜。

其實，納粹在萬湖踏過的恐怖足跡，就在附近。

離李柏曼別墅才幾步路遠，就是著名的「萬湖會議之屋」（Haus der Wannsee-Konferenz）。一九四二年一月二十日，納粹在這裡召開「萬湖會議」，討論「猶太人最終解決方案」，在這個會議裡，納粹決定要把所有的猶太人逐出德國，並且有系統地「解決」猶太人。這個會議之後，納粹展開人類近代史上最殘忍的屠殺行動，超過六百萬的猶太人被納粹謀殺，史書上佈滿血跡。

這棟別墅如今是個紀念館，讓訪客們重訪腥風血雨的起點，人們總要逼自己正視錯誤，才能避免重蹈覆轍。我參觀這棟別墅，身體不禁微微顫慄，納粹的殘忍不是最血腥的警惕嗎？怎麼人們到現在還為了不同的膚色、主義、性向、宗教而互相仇恨？

離開「萬湖會議之屋」，我和朋友到隔壁的啤酒花園去喝咖啡，對岸，就是萬湖的人造沙灘，大人小孩們跳進還窩藏冬天的湖水裡，馬上被冰冷逼退到岸上。這個湖邊沙灘上的沙子是從波羅的海運過來的，一世紀以來都是柏林人夏天最愛去的湖邊浴場。納粹掌權期間，浴場外面的牌子寫著：禁止猶太人進入。夏天高溫時，我也喜歡來這裡游泳，各種膚色的人們在這裡享受陽光，那段駭人的萬湖歷史，真的遠去了。

我坐在湖邊，看水、看人、讀書，水鳥在水面上滑行，微風在樹梢打盹，帆船徐徐而過。這麼大的湖，包覆了自然與文明，它不管膚色、語言、國籍，它都給你一塊湖邊草地，讓你自在地度過一天。

我們，繼續跟大自然學習吧。

魔鬼山

春暖週日，蟄伏了一個冬天的肢體亟欲舒展，我突然有登高渴望。每天透過電腦螢幕與世界接觸，再怎麼快速方便也是虛擬，此刻只想出門用身體沾惹花粉嫩葉，用腳踩土涉水，天地碩大，我要親眼看看。我用雙腳喚醒在玄關冬眠的腳踏車，把遲疑懶散鎖在家裡，目標設定：魔鬼山（Teufelsberg）。

魔鬼山位於柏林西邊，其實見山不是山，這座「山」其實是殘骸集中地。二次世界大戰結束，德國戰敗，柏林被戰爭摧殘地面目全非，整個都市就是個建築物的大墳場。這裡的舊址原本是納粹的軍事學校，盟軍把柏林建築物殘骸集中在此地，埋葬納粹，堆積成如今的魔鬼山。殘骸造山，也把被毀壞的舊柏林掩埋在此，新柏林，從頭興建。

我和朋友約在綠森林（Grunewald）集合，從這裡騎腳踏車進森林，騎上魔鬼山。綠森林是柏林高級住宅區，豪宅群集，街上停了許多高級房車。曾經有一年，我在這裡某棟豪宅裡當家教，下課之後，我會到

廢墟的傾場是個進行式，建築物彷彿有生命般地慢慢敗壞，進出的人們帶來自己的音樂、噴漆與畫筆，「再造」廢墟。廢墟的破敗像是驚悚鬼片，讓人忍不住窺探，也讓人們看到所有人造文明的可能終局。

處閒晃拍照，欣賞這些美麗的豪宅。有次還引來巡邏警察盤問關切，果然我的短褲涼鞋與破腳踏車，跟這個社會階層的齒輪無法囓合。這些豪宅的最大資產，就是一整座舒服的綠森林，魔鬼山就是自家後院。

我們在森林裡競速，春天花粉兇猛，森林裡不斷有噴嚏聲，過敏的柏林人就算擋不住眼淚鼻涕，也要出來抓一把春天。在森林裡，可以看到魔鬼山頂有一座廢棄的美軍監聽站，那裡，就是我們今天的終點。

冷戰時期，美蘇對立，美國國家安全局（National Security Agency）在西柏林尋找監聽共產東德情報的地點，於是在魔鬼山的制高點興建雷達監聽站，負責蒐集共產陣營的情報。柏林圍牆倒塌之後，美國棄置此監聽站，私人公司把整塊地買下，準備興建成高級公寓與飯店，但計畫最終流產。之後，這裡成為徹底的廢墟，人們在夜晚翻牆入侵，徹夜狂歡，留下了許多彩繪塗

鴉。我以前在臺灣服兵役，就在某座山上的雷達站度過一年半的青春歲月，因此對這個圓球造型的廢棄雷達站特別好奇，但我依然沒勇氣翻過那層層的圍籬，進入探險。

我們氣喘吁吁地攻頂，雙腿燒著速度，胸腔裡的鬱悶都遺留在森林裡，翠綠的新葉花苞，在身體裡發芽。然後我們發現，監聽站竟然開放參觀！這裡多年來一直是許多柏林人的祕密基地，在夜晚的掩護下，人們翻牆侵入，在各個廢棄的建築物裡探險。現在終於開放給大眾，我馬上決定報名參加導覽。記得以前在臺灣，曾和一群熱愛廢墟探險的朋友，在深夜拜訪三芝淺水灣的飛碟屋。廢墟的魅力，在於被棄置之後，形成邊緣地帶，國家律法似乎搆不著這裡，於是次文化滋生。廢墟的傾塌是個進行式，建築物彷彿有生命般地慢慢敗壞，進出的人們帶來自己的音樂、噴漆與畫筆，「再造」廢墟。廢墟的破敗像是驚悚鬼片，讓人忍不住窺探，也讓人們看到所有人造文明的可能終局。

魔鬼山的美軍監聽站，如今真的是廢墟迷來柏林必經之地，美軍早把所有的雷達監聽設施都撤掉，留下空蕩蕩的建築物，任由時光摧殘。我們隨著導覽走進每一棟建築物，踩過碎玻璃，爬上腐朽的樓梯，走過塌陷的地板，進入圓形的雷達塔，所有人都宛如孩童一樣雀躍，這個廢墟根本就是個大型歷史遊樂場啊，還可以盡情地遠眺柏林，附近山水都可盡情飽覽。這座山是由戰前的柏林所堆積而成，然後又成為冷戰情報竊聽的中心，精通英、德、俄文的特務三班輪值，在這裡竊取敵方陣營情報。兩德統一後，這裡和冷戰一起走入歷史，卻成為次文化的聚集地，每一面牆都有色彩鮮豔的塗鴉。如今有一群藝術家受邀進駐此地，在這個特殊的場域進行創作。廢墟山頂，矗立一座廢墟。這裡有太多故事，讓魔

冷戰時期，美蘇對立，美國國家安全局在西柏林尋找監聽共產東德情報的地點，於是在魔鬼山的制高點興建雷達監聽站，負責蒐集共產陣營的情報。

鬼山充滿特殊的歷史、藝術觀光價值。

導覽結束，我們騎車下山。腳踏車帶我們快速離開廢墟，很快地，我們回到豪宅林立的街道，短短時間內體驗破敗與富貴，我的身體用暈眩回應。我私自希望，這個監聽站廢墟，就維持現狀吧，若是被整修清理，那就完全失去祕密基地的色彩了。這些年來進入這裡的人們，已經用他們的非法入侵，「再造」了廢墟，於是牆上的塗鴉如繁花盛開，前美軍霸權的象徵，被塗鴉解構。

我不會忘記，爬上廢墟雷達站最頂端圓球，透過一個小開口，看到了柏林。參加導覽的人們的驚呼在圓球裡形成回音，我靜靜聽著回音，看著遠方的柏林。當時，廢墟是時光刻度，我踩在舊柏林上，新的柏林，就在前方。

公墓與絆腳石

為了完成一篇小說，我獨自來到了「柏林一九三九—一九四五戰爭公墓」（Berlin 1939-1945 War Cemetery）。

我正在寫一篇短篇小說，女主角設定為一個對死亡很迷戀的怪女孩，她到處參加陌生人的喪禮，研究各個宗教處理死亡的方式，到了巴西不去森巴嘉年華，而是在墓園裡露營與死亡共眠。有一天，她在某個喪禮上認識了婚禮歌手，兩人在短暫的夏天裡談了一場戀愛。夏天結束，婚禮歌手終於受不了一天到晚跟女孩去參加喪禮，不告而別。這時，女孩才發現自己懷孕了。鍾愛死亡的女孩，身體裡竟有個生命茁壯。我寫了一個場景，描述女孩想要為懷中的胎兒取名，在深夜來到了墓園裡，拿著手電筒點亮每個墓碑。女孩大聲唸出每個陌生死者的名，墓碑上的名字在她的朗誦裡活了過來，慷慨的月光點亮墓園，螢火蟲抓著微風的尾巴飛翔。如此貼近死亡，女孩與肚中的孩子，一點都不孤單。

我在一個安靜的星期三下午跳上腳踏車，一路騎到「柏林一九三九—一九四五戰爭公墓」，為小說勘景。這裡離市區有段距離，我走進墓園，沒有看到守墓人、訪客，只有茂盛高聳的大樹，安靜地守護這塊土地。入口處的牆上有個鑲十字架的「公墓註冊」

（Cemetery Register）盒子，我輕輕旋轉把手，打開盒子，裡頭，是一本詳細登記所有埋葬在此的陣亡者名單，按名字編號索驥，參訪者可清楚地找到墓碑所在地。牆上刻鏤著數字：這裡是三千五百八十位士兵的長眠地，他們大部分是空軍，死於第二次世界大戰。其中有二千六百八十位英國人，五百二十七位加拿大人，二百二十三位澳洲人，五十六位紐西蘭人，三十一位南非人，五十位印度人，五位波蘭人，八位國籍不可考。

在臺灣，我很怕墓園，因為有太多鬼怪傳說，諸多禁忌、風水、迷信讓生者畏懼死亡。記得我父親下土多年後，依俗必須撿骨安奉，我和家人注視撿骨師熟練地挖出父親遺骨，排列入甕，周遭有棄置的棺木、被敲掉的墓碑殘骸，雖然墓園一尊大型土地公守護著，但整個環境就是令人畏懼。在柏林，我反而常去拜訪墓園，這裡的墓園都很簡單潔淨，天氣好的時候，坐在安靜的墓園樹下閱讀打坐，我腦中都不會浮現任何鬼怪在身邊漂浮的景象。我也喜歡讀墓碑上的墓誌銘，總讓我覺得死亡沒那麼沉重，三句就是一生了。

但我在這個佔地廣大的戰爭公墓裡閱讀著墓誌銘，讀著讀著，眼淚就逼出眼眶。每個墓碑上，都列有亡者國籍、名字、

絆腳石。此為紀念瑪莎 · 李柏曼的絆腳石。

官階、在那場慘烈的世界大戰裡所扮演的角色，還有墓誌銘。這些客死異鄉的士兵，大都才二十幾歲。戰爭的殘酷在於，國家無限擴張，個人迅速縮小，去！去戰場殺敵人，國家需要你去操作機關槍，也務必用年輕的胸膛為國家擋子彈。二十歲應該是生命輝煌時刻，卻必須在戰場裡跨越生死臨界。這裡埋葬的三千多個戰爭亡魂，大都是空軍，他們乘著風來到了德國，死亡就在柏林的天空等著他們。墜落、被俘，敵方我方每天都有大量的年輕人斷魂，個人的生死，只在戰後的異國土地上，佔據一小塊墳地。

某個墓碑前，有個小木頭十字架，上面寫著女兒對父親的思念。我想像一個英國老婦，乘坐飛機來到柏林，也許，飛行路線還跟當年父親的死亡飛行有所重疊。她到柏林，不去博物館島、不去菩提樹下大道、不吃咖哩香腸，只來這個戰爭公墓，跟早逝的父親說說話，親吻冰冷的墓碑，留下一束鮮花。

整個下午，公墓只有我一人，栗子樹、白樺樹環繞著對稱設計的墓碑群，草地修剪整齊，群鳥爭鳴。死時慘烈犧牲，許多甚至無名無姓，至少死後如此祥和潔淨，這或許就是所謂的安息？

我把手中的筆記放下，懷疑我是否有辦法寫完這篇小說。面前這些陌生的死者名字，每個都沉甸甸，反觀我的小說，輕盈無重量。

我離開墓園，跳上腳踏車，往市區騎去。在城中區的一家咖啡館前的人行道，我發現了「絆腳石」（Stolperstein），這些隱身在城市各個角落地面上的正方形金屬塊，代表著被納粹迫害屠殺的亡魂。這家咖啡館前有五個絆腳石，表示有五個猶太人之前住在這棟房屋裡，他們被納粹帶走，死於集中營。絆腳石讓人在安穩的城市漫步當中，被那些受害者名字輕輕絆一下，身體短暫失去重心。站穩之後，漫遊者必須彎腰低頭，注視石頭上銘刻的名字。

我蹲在人行道上，心裡默唸著絆腳石上的名字。此時我確定，這篇小說不繼續了。我生長在安逸的年代，見過的烽火是好萊塢特效，嚐過的苦是晚餐桌上的苦瓜，寫死亡議題，只是暴露自己的淺薄。

這個柏林的星期三，故事的重量不在我的夭折小說裡，而在公墓與絆腳石裡。

柏林 1939-1945 戰爭公墓

女神

一、黃金女神

關閉多時的柏林「勝利女神紀念碑」（Siegessäule），近日終於開放了。德國政府花了大約四百萬歐元整修這個柏林地標，紀念碑頂端的勝利女神宛如重生，一身嶄新金黃燦爛，俯瞰柏林眾生。

「勝利女神紀念碑」於一八七三年竣工，為普魯士王國慶祝對丹麥、奧地利與法國的戰爭勝利所建。紀念碑頂端的女神是羅馬神話裡的勝利女神維多利亞（Viktoria），女神右手持桂冠、左手持勝利權杖，大展老鷹翅膀，面容和藹，身姿威武。紀念碑的原址在如今的國會大廈前，但在一九三八年，納粹為了完成所謂理想德意志首都，把紀念碑遷往「動物公園」（Tiergarten）中心，也就是現址。之後，世界大戰爆發，柏林戰火隆隆，血流成河，士兵們就在女神腳下激戰，整個城市被戰火摧毀，她卻很幸運地躲過轟炸，完好倖存。之後東西德分裂，柏林圍牆在她眼前矗立又倒塌。兩德統一後，柏林成了銳舞派對首都，「愛的遊行」（Love Parade）辦得轟轟烈烈，超過百萬舞客湧進柏林，她變成派對

狂歡的中心。二〇〇〇年我第二次拜訪柏林，參加了當年的「愛的遊行」，與百萬舞客一路在柏林街道狂舞，最後大家包圍「勝利女神紀念碑」，DJ樂音轟炸，蒼生皆狂，抬頭往上看，女神就在那，以藍天為背景，用靜止回應集體的失序。

要拜訪女神，體力不能太差，二百八十五個迴旋階梯之後，才能到達勝利碑的頂端。我其實有懼高症，但還是很喜歡爬上來跟女神打招呼。陽光在女神的身上反射金色光芒，人在勝利碑頂端，依然無法觸及女神，只能不斷伸展脖子，仰望她的裙擺。女神在上，柏林在下，懼高症在我的腳底搔癢，短暫瞻仰，我快速走下階梯。

女神維多利亞被柏林人暱稱為「黃金艾爾瑟」（Goldelse），她不是宗教女神，而像是個老朋友，柏林人開車時會經過她，在「動物公園」裡慢跑、烤肉時會看到她。她因戰爭而生，如今戰火遠去，太平年代裡，她是個提醒人們戰火殘酷的女神。

二、叛國女神

女神：女性神祇，或者地位崇高、被眾人景仰的女性。女星瑪琳・黛德麗（Marlene Dietrich，1901—1992）是另一個柏林女神傳奇。

柏林雷柏街（Leberstr.）是一條安靜的街道，我在這裡尋找六十五號，一位在人行道乘涼的老先生幫我指路：「就是前面那棟不起眼的房子。」我站在六十五號前，終於找到了不太顯眼的標示，在這棟尋常公寓裡，誕生了風華巨星瑪琳・黛德麗。

她是少數在柏林發跡，大紅之後轉往好萊塢發展也獲得成功的女演員。她線條分明的輪廓，在大銀幕上散發光芒，低沉的嗓音唱出簡單的音符，建立了絕代風華的女神形象。納粹在德國掌權時，她人在美國，並且歸化為美國公民。納粹以優渥的條件向她招手，希望她回到祖國拍片，但她斷然拒絕。美國加入二次世界大戰之後，她隨著盟軍進入前線，募款歌唱勞軍。一個來自柏林的好萊塢女神，竟然支持敵軍，女神的個性堅毅叛逆，為了心中理念，寧願叛國，希特勒也嚇唬不了。

她登臺時愛穿男裝，合身的燕尾服配上高帽子，樹立了中性的女神形象。她一生崇尚和平，追求愛情，女神不是弱不禁風，而是可進入戰場，為自己的理念而戰。

晚年她隱居，酒精藥物折損女神光芒。一九九二年，她病逝於巴黎。依照遺囑，她的遺體用美國國旗覆蓋，運回柏林安葬。我去她下葬的墓園尋找她安息之地，卻迷路遍尋不著女神蹤跡。一個正在幫她逝去丈夫整理墳墓的老太太叫住我：「在找瑪琳是吧？」我跟著老太太找到了女神之墓，簡單樸素，完全不是我想像的好萊塢明星之墓。

墓園安靜，我小聲唱著她的名曲〈我在柏林還有個行李箱〉（*Ich habe noch einen Koffer in Berlin*）。暖

1
2

1. 柏林雷柏街是一條安靜的街道，我在這裡尋找 65 號，一位在人行道乘涼的老先生幫我指路：「就是前面那棟不起眼的房子。」我站在 65 號前，終於找到了不太顯眼的標示，在這棟尋常公寓裡，誕生了風華巨星瑪琳 ・ 黛德麗。
2. 墓園安靜，我小聲唱著她的名曲〈我在柏林還有個行李箱〉。暖暖的微風吹過，她墓前的紅玫瑰在風裡搖擺著。

暖的微風吹過，她墓前的紅玫瑰在風裡搖擺著。

三、居家女神

我在好友卡門家作客，她烤蛋糕、整理花圃、清掃家裡、照顧兩個小孩，多工處理正事瑣事，還能同時跟我聊天。我們聊著柏林的女神，她說她最景仰的是左派共產社會主義者羅莎・盧森堡（Rosa Luxemburg），一九一九年，女性主義還不見蹤影時，她就與男人們一起起義，結果遭到逮捕並殺害；還有德國同志心中的女神／歌手／演員克聶夫（Hildegard Knef），這些女神都掙脫社會給予女人的枷鎖，在各自的年代燃燒。我說我的女神，除了從小拜到大的媽祖之外，還有歌手阿妹，搞怪的女神卡卡。

我突然想到美國喜劇女演員羅姍（Roseanne）說過：「我討厭『家庭主婦』這個字。我要被稱為『居家女神』（Domestic Goddess）。」我有七個姊姊，從小在姊姊的照顧下長大，雖然我家是個「長子為大」的傳統家庭，但我們家最強悍的，其實都是女性。女性在父權社會裡被壓縮，卻還能兼顧母者、妻子、工作者的多重身分，多工仔細，養尊處優的男性根本無法企及。每個家庭，都有居家女神，讓一個家完滿。我們的社會拜女神，更要尊敬女性。

卡門幫她的女兒換尿布時，跟我一起哼唱瑪琳・黛德麗的歌。她對女兒說：「長大後，我希望妳不要想當公主，只喜歡穿粉紅色衣服，整天等不存在的白馬王子。當公主被養很無聊，我希望妳當個女神如何？獨立的女神，為自己發聲的女神。」

小嬰兒笑了，彷彿用笑聲跟媽媽打勾勾，就這麼約定。

「勝利女神紀念碑」各個角度

橋

小時候，我跟姊姊們打鬧，常會把搔癢當武器，逼迫對方在笑聲裡繳械。我母親見到了總會訓斥：「不准搔腳底，這樣長大會不敢過橋。」我母親有許多不符科學實證的訓誡，從她長輩的殷殷教誨當中傳承下來，我們表面服從，背地裡則是偷偷違背。我記得我躺在家前面的空地上，要鄰居小孩用手指輕輕滑過我的腳底，鄰居的手指如羽毛，我摀嘴活埋笑意。隨後，我們在村莊裡找一座橋，試驗自己還有沒有過橋的能力。結果我們找到的那座排水溝橋上，剛好有一群大白鵝，牠們眼神邪惡，嘶嘶威脅，脖子往我們快速延伸，絲毫不歡迎我們。我們在哭喊中快速跑開，實驗證明，聽媽的話似乎沒錯。

高中時，我開始對橋產生濃烈的興趣。在國文課某篇文章的註釋讀到《莊子・盜跖》：「尾生與女子期於梁下，女子不來，水至不去，抱樑柱而死。」一年少善感的眼睛讀著讀著，眼淚就滴在課本上。癡情/呆的尾生與女子約在橋下，女子失約，惡水奔來，卻依然沖不散他的等待。我馬上在作

「上樹橋」

文課上寫了一篇名為〈橋〉的文章，國文老師把文章登上校刊，我的青澀寫作充滿浪漫呻吟，成了折磨其他同學的「作文範本」。青春無端鬱悶時，我一個人站在天橋上，看車流莽莽，奢望有一座橋，能馬上帶我離開苦苦的高中升學日子。也許就在當時，我開始築橋，為自己的離開鋪路，想去最遠的遠方。

命運的橋，竟然就搭到柏林來了。來柏林後，我有次去參加了一個城市導覽，主辦單位是一個民間社團，由一群對橋狂熱的德國人組成。他們熟知橋的建造、歷史、軼事，甚至連材質、橋墩修復、精確長寬高都列入解說重點，讓我印象深刻。我們去拜訪「上樹橋」（Oberbaumbrücke），解說員興奮地把腦中的數據全都傾倒而出：「建於一七三二年，全長……寬度是……」精確數字在我腦子裡產生過敏反應，思緒打噴嚏，數字完全模糊。這座橋的結構特殊，上層是地鐵線U1鐵軌，下層是車道與人行道，雙塔在橋中央矗立，磚紅色的橋身在陽光下閃耀著溫暖的色調，有時光悠悠的歷史光澤。橋名為「上樹」，是因為這裡位於史普雷河（Spree）的上游，十八世紀時，這裡河裡置有樹幹，經過的船隻必須付支渡河費，樹幹才會移走放行，因之得名。一九六一年柏林圍牆築起，這裡剛好位於東西柏林交界，上層地鐵停駛，通行禁止，橋不再是橋，而成為東西柏林分裂的重要象徵。幾乎所有在柏林拍攝的電影，主角都一定會開車經過這座橋，表示柏林到此

一遊。好萊塢電影《狙擊陌生人》(*Unknown*)甚至讓男女主角的車在這座橋上失控,衝破柵欄掉進冰冷的河水裡,誇張的動作場面讓柏林人看得目瞪口呆。

附近的「游泳船」(Badeschiff),是凝視「上樹橋」的最佳位置。這游泳池宛如一個大型的浴缸,放在黑褐色的河面上,是柏林時尚男女展露身體線條的露天伸展臺。趴在泳池的邊緣,可以盡情觀看「上樹橋」,船隻不斷在河上來去,夏天薰風停在皮膚上,跟我一起曬太陽。我貪看「上樹橋」,它線條古典穩重,比游泳池裡那些健身房、減肥食譜堆砌出來的比基尼腰線、六塊腹肌,耐看多了。

另外一次導覽,是一九八九年柏林圍牆的第一道裂縫「柏惹橋」(Bösebrücke)。其實「柏惹」(Böse)在德文裡意思是「壞」,所以我之前不明就裡,以為這座位於東西柏林邊界的橋就叫做「壞橋」。參加導覽之後,才知道「柏惹」是威爾翰・柏惹(Wilhem Böse)的姓氏,橋是為了紀念他而命名。希特勒掌權期間,他策劃反抗納粹,結果起義失敗,在集中營裡被殘酷處死。一九八九年十月九日,前東德抵不住人民的力量,終於開放東西柏林的邊界,第一個開放人民自由來去的邊界關卡,就在這座鋼鐵拱橋上。這次的導覽先生,在那個改變人類歷史的晚上,就從座橋上,從東柏林走進西柏林。他當晚一聽說邊界開了,馬上從家裡飛奔而去,外套忘了穿,左右腳的鞋根本不同雙,但他身體激動火燙,一點都不覺得冷,跟著人群走過橋面,來到了西柏林。他說:

葛連尼克橋

「我當時還一直擔心，橋上的東德士兵，會突然開火，把我們都殺了。」

他要每個參加導覽的人，都說一個跟橋有關的小故事。不知為何，我想起了我的母親。每年過年期間，我們一家開車出門拜年，我媽一定會準備一袋金紙，只要車子開過一座橋，她就會迅速從紅白塑膠袋抓出一疊金紙，丟出窗外。小時候我坐在我母親大腿上，會搶著要丟金紙，我小手上緊抓著一疊粗糙的金紙，等待我母親提醒我：「頭前有橋喔。」橋面上，早已經有許多被車子輾碎的金紙屍體。我一直沒問我母親這個習俗的典故，反正應該就是酬謝鎮守橋的鬼神，讓我們一家平安路過吧。一直到她過世前，她依然會在過年期間準備金紙，但開車的姊姊不讓她丟，當代的環保意識抵消了民間信仰。我總記得母親臉上那個不安的表情，她擔心少了「丟擲」這個動作，一家怎麼平安過橋呢？

柏林其實還很多知名的橋，例如連接柏林與波茨坦的葛連尼克橋（Glienicker Brücke），是冷戰期間，美國與蘇聯交換被捕間諜的地點。約翰・勒卡雷（John Le Carre）的精采小說《冷戰諜魂》（*The Spy Who Came in from the Cold*）裡頭，這座橋就是重要場景。

橋連接、溝通、串連，讓人們穿越山谷、惡水，到達彼岸。我一直在世界各地拜訪橋，心裡也不斷搭橋，讓自己繼續往外走，越過洪水，穿過疆界。我總記得我母親在我耳邊說的那句：「頭前有橋喔。」

Berlin

Ein Film für PINA BAUSCH von WIM WENDERS
pina
tanzt, tanzt
sonst sind wir
verloren
AB 24. FEBRUAR
IM KINO
3D
61
Außer Konkurrenz
WWW.PINA-FILM.DE

輯二：柏林製造

燈暗後的那首詩

燈暗，人靜。我提醒自己，別忘了心裡的詩。

二〇一〇年的柏林影展，有三部臺灣電影受邀，鈕承澤的《艋舺》生猛，陳駿霖的《一頁臺北》逗趣，侯季然的《有一天》感傷。在國外看臺灣電影有種莫名的「護己」心態，隱隱擔心旁邊的德國觀眾看不懂《艋舺》裡臺灣黑幫文化，發現觀眾跟著《一頁臺北》一起大笑，放心地用更誇張的笑聲回應。大銀幕上那些熟悉的景致與面孔，是過度放大的島嶼記憶片段，被瞳孔貪婪吸收。

這三部風格迥異的臺灣電影，最觸動我的，是《有一天》。導演侯季然用充滿詩意的構圖，緩慢說出一個從高雄開往金門的軍包船上，一個福利社小妹與年輕軍人的愛情故事。電影裡夢境與現實交錯，夢裡有印度人、駿馬，現實裡有愛情的無悔追尋、承擔失去的勇氣。導演處理「似曾相識」(Deja Vu)的主題，男女主角分別在不同時空做了同一場夢，這夢預言了未來兩人的相遇，也洩漏了不可逆的命運。我因為主持影展期間的「臺灣之夜」，還擔任《有一天》映後的觀眾對談即席翻譯，所以片子共看了三次，每次看完都是淚眼模糊，被電影中女主角追尋愛情的勇氣深深感動。

影展期間與眾多影人談及這部電影，大多持正面肯定。但是大家都說，這部電影一定會到世界各地參加影展，但在臺灣怎麼賣啊？那些長鏡頭、緩慢的劇情舒張，需要耐心。片子裡沒爆破沒激情沒好萊塢公式，觀眾怎麼願意買帳？

但我不信。

我想起我自己的「似曾相識」故事。我的當兵歲月，是在終年雲霧繚繞的南部高山，在山上悶了三個星期，才能搭上顛簸的交通車，一路崎嶇放假去。我總是記得那些日子的苦，那些愛喝酒、欺負人的軍官阻斷青春，我不能文學無法劇場，鬱悶裡求生存。但我有個可愛的室友A，他來自貧困的家庭，只好報考軍校，試圖改善家計。他沒念過幾本書，但有個善良的靈魂。有天他看我在寢室裡讀夏宇的詩集，搔頭問：「詩會不會很難懂啊？」我請夏宇坐在那張被山中濕氣嚙咬的書桌上，說：「懂不懂，真的不重要。詩，適合朗讀。」

那時，山中雲霧從敞開的窗戶進來坐在夏宇旁

《有一天》劇組：女主角謝欣穎、導演侯季然、男主角張書豪。

邊。有幾週以來第一次出現的陽光。靜。林木沉睡。然後，我們一起朗讀夏宇。

我抬頭看A，被他的側面給驚嚇。這雲霧，這溫度，這朗讀聲響，這面孔，我在很久以前的夢境裡，撞見過。那刻，我終於釋懷了。原來我根本註定到這裡當兵，夢裡預言過，我必來一遭。

A讀完夏宇說：「我還是不懂。但我很感動。」

夏宇喚醒了A心中的詩。

《有一天》也是一首詩，適合慢慢品嘗。我知道潮流快速激情，宅男女在家裡下載爆破，詩的創作者找不到讀者。但我見過A眼中讀完詩的光芒，那是靜下來之後，緩慢下來之後，心中的詩被喚醒。

告別軍旅多年後，我在柏林的國際詩歌節，看著夏宇讀著我當年和A一起讀的詩。同一首，同樣似曾相識。夏宇讀詩的氣味，A眼中發現詩的光芒，我註定遇見。

所以我不信《有一天》註定難賣。我相信，特效至上的年代，人們心中的詩更需要被喚醒。所以，一起去看電影吧。燈暗，語歇，讓心裡的詩，跟著大銀幕裡的追尋，緩緩舒展。

碧娜，妳在不在？

碧娜，妳在不在？

二〇一一年的柏林影展競賽片名單上，出現了文・溫德斯（Wim Wenders）的紀錄片《碧娜》（*Pina*）。雖然片子只是觀摩放映，不角逐金熊獎，而且影展結束後，全德國就會盛大上映，但還是吸引了影迷瘋狂搶首映票，戲院外面聚集了許多拿著「我找票」標語的民眾。我脖子上掛著影展的記者證，免去了搶票之苦，在入口處領了三D眼鏡，等待著碧娜身影在大銀幕上出現。

上次我看到碧娜（Pina Bausch），是二〇〇七年，她帶著舞者謝幕，羸瘦的身子在舞臺上任由澎湃的掌聲拍打。我當時想，這麼瘦的軀體卻一點都不貧瘠，植出那麼多動人的舞作。她臉上的笑容很淺，皺紋收藏著許多故事，沒開口，不需要聚光燈，但大家就是會聽到、看到。

我不太情願地戴上三D眼鏡，字幕開始溢出銀幕。其實我對三D風潮持保留態度，幾部好萊塢三D動作片讓我倒盡胃口，只要視覺不要靈魂的片子，就算幾把刀刺穿銀幕向我射過來，再怎麼立體也帶不出深度。三D版的舞蹈劇場，會不會也只是噱頭？更何況，片子實際拍攝時，碧娜已經不在了。

但，溫德斯鏡頭下的三D舞蹈劇場，層次分明、立體優美，一開場我的疑慮就消失了。一百分鐘的影片，碧娜的舞作《春之祭》（*Le Sacre du Printemps*）、《滿月》（*Vollmond*）、《慕勒咖啡館》（*Café Müller*）、《交際場》（*Kontakthof*）貫穿其中，在電影鏡頭的逼近下，舞者的肌肉線條、臉部表情、舞衣材質都無比清晰，劇場裡舞臺跟觀眾席的距離都消失了。《春之祭》裡，男女舞者在鋪滿泥土的舞臺上舞動，碧娜創造出來的那些殘酷、對峙，在三D效果裡被放大，逼視舞者舞衣上的泥土，我竟然就淚眼模糊。《慕勒咖啡館》裡男女舞者不斷地重複同樣的動作，那些貼近、擁抱、墜落，不斷三D立體重複，舞者的肢體拉扯凝視者眼眶，於是我終於懂了，這些我們眼中所謂的「碧娜招牌重複」，其實根本不是跳針，而是充滿無奈、痛苦，這是碧娜教我們的事，熾烈不停，再苦也要繼續舞動啊。影片裡她說：「跳吧，跳吧……不然我們就迷失了。」（Tanzt, tanzt…… sonst sind wir verloren.）

為碧娜跳過舞的各世代舞者，都回來了。這些各國舞者有的白髮蒼蒼，有的青春正盛，溫德斯拍攝他們的舞姿，也訪問他們心中的碧娜，穿插在紀錄片裡。溫德斯用旁白畫外音（off-screen），配上不開口的舞者臉龐，捕捉每個舞者眼中的碧娜。一位女舞者說，碧娜走後，其他舞者夢到了碧娜，但她一直都還沒夢到碧娜。她請碧娜快點來入夢，她一直等著。

烏帕塔是碧娜創造舞作的中心，也是這部紀錄片的主角之一。溫德斯讓舞者走出劇

Ein Film für PINA BAUSCH von WIM WENDERS
pina
tanzt, tanzt
sonst sind wir
verloren
AB 24. FEBRUAR
IM KINO
3D
61
Außer Konkurrenz
WWW.PINA-FILM.DE

《碧娜》電影海報

場，在城市的各個角落起舞。無論是游泳池、體育館、公園、山丘、湖泊或者是烏帕塔知名的懸掛式捷運（Schwebebahn），都成了碧娜舞作的新佈景。多年前我曾為了看碧娜去過這個都市，但原本的想像被現實干擾，這裡的市容在我當時的眼中太平凡，不夠碧娜不夠舞蹈。但烏帕塔在溫德斯的鏡頭下，與舞作優雅縫合，尋常街道忽然就是最完美的舞臺，的確就是碧娜改變舞蹈歷史的發生地。電影推廣城市，等電影在全世界上映，烏布塔就等著接待影迷了，我就即將是其中之一。

然後我發現，碧娜一直都在。

溫德斯把碧娜的一些歷史影像放進電影裡，例如她親自演出《慕勒咖啡館》的段落，以及她說話的片段，但比例很小，溫德斯刻意把焦點放在她的舞作上，不過分剪接，不玩弄鏡頭，只讓碧娜的創作自己說話。從舞者訪談、烏帕塔景觀、舞作拍攝，都沒有碧娜在場的身影。但我發現，舞者的眼神、烏帕塔的街角、那些美到令人心痛的作品裡，其實都有碧娜。

柏林影展的記者會上，溫德斯說，這個紀錄片的原始構想，是一起跟碧娜去亞洲、南美洲巡演，他跟著碧娜一起去旅行，以公路電影的模式來拍攝碧娜。但碧娜在二〇〇九年六月突然過世，他只能推翻當初與碧娜討論的拍攝方式，這部紀錄片不再是公路電影，而是回到烏帕塔，拍一部思念碧娜的致敬作。

他說，雖然拍攝期間少了碧娜，但劇組跟舞者都感覺，碧娜一直都「在」（anwesend）。我懂溫德斯，這不是鬼魅迷信，而是碧娜關節轉動、長髮甩動的身影不會消失，她不需要三D，她就在那裡。

柏林影展《碧娜》首映會上，德國總理梅克爾（Angela Merkel）與總統沃夫（Christian Wulff）都來了，他們戴上三D眼鏡，坐在溫德斯身邊一起看碧娜，給媒體更多的新聞點。我在電影院裡回頭看，所有的觀眾戴著三D眼鏡，專注地看碧娜，有人，和我一樣必須把眼鏡拿掉，才能擦去眼淚。走在柏林街頭，到處都是《碧娜》即將上映的海報，電影的滲透力驚人，舞迷或非舞迷，如今都認識了碧娜。

碧娜走後，她的舞團繼續世界巡演，她的經典作品在劇場裡活存。溫德斯的《碧娜》，則是電影導演對老友的深情懷念，也把碧娜畢生的熱情以三D鏡頭做總結。這作品可傳世，還好有碧娜，這個時代才在未來，有個絕美的篇章。

碧娜在。一直都在。

柏林影展的記者會上，溫德斯說，這個紀錄片的原始構想，是一起跟碧娜去亞洲、南美洲巡演，他跟著碧娜一起去旅行，以公路電影的模式來拍攝碧娜。（陳思宏拍攝）

萊比錫書展 Cosplay 紀事

早上六點。在空蕩街上等好友阿辛來接我，一個身穿亮紫色披風的少年迎面走來，染成紫色的眉毛在他未醒的臉上打呵欠。他的突兀鮮豔喚醒我，心裡盤算一天數據：從柏林到萊比錫車程三小時，手上的德文講稿四頁，此刻攝氏十度。阿辛的跑車刷進視線裡，他從車裡探頭說：「緊張嗎？」

九點整。萊比錫書展的停車場，鄰車一個大鬍子，載著一群打扮成美少女戰士的女生。他殷切交代：「這個袋子裡有媽媽準備的午餐。我五點準時在這裡等。」少女的雀躍淹過大鬍子的囑咐，快速奔往書展會場。

十點半。我和育立快速順過傍晚的對談，我們應邀以臺灣文學為題，在書展裡進行對談。外頭下著雨，太空戰士、Keroro軍曹、唐老鴨淋雨奔赴會場，我視覺錯亂，捏自己一下，是的，這裡是德國。我一直耳聞萊比錫書展是歐洲最大的「角色扮演」（Cosplay）盛會，打扮成動漫人物就可免費入場，每年都吸引上萬的青少年前來參與，但親眼目睹才知道，日本動漫在德國已成為青少年文化的主流之一。

中午。我發現我有偏見。我在動漫館裡遊盪，被眼前這些動漫人物不斷驚嚇。那個中

萊比錫書展上 cosplay 的德國青少年

世紀武士一臉憤怒揮動道具刀，這個公主臉上的妝厚到可以抵擋刀劍。他們大概都十五歲上下，痘子在臉上開派對，站姿不羈卻又遮不住些許尷尬。他們在臺上盡情擺動身體，爭取扮裝大獎。他們身上的廉價布料與肌膚摩擦，在密閉的空間裡滋生許多異味。現場太多尖叫，我掩耳走到戶外。

下午一點。阿辛興致勃勃地拍攝扮演者，看我皺眉，問我為何不喜歡這種活動？我答，許多漫畫偷渡甚至宣揚暴力，這些青少年扮成戰士，拿起道具刀互砍，就算只是戲劇性扮演，但我不得不懷疑，這不會把「擊敗弱者」的征戰心理帶入校園嗎？日本漫畫塑造出來的水汪汪大眼、身材火辣的女性形象，不會讓這些愛穿公主裝的少女們，對自己身體有不合理的想像，甚至得了只想被寵愛而不懂付出的「公主病」嗎？還有，青少年不會只以圖片做思考、模糊動漫幻想與現實的界線、失去了純文字給予的龐大想像空間嗎？

三點。偏見翻轉。我在德國文學出版社Suhrkamp的攤位上，看到一個綠髮扮裝少女認真地翻閱一本文學小說。奇幻文學朗讀會場裡，許多角色扮演者在臺下認真聆聽。泰國炒麵攤子前排了一群穿和服的少女，近看發現每個都是男生，他們旁邊幾個高大的日本武士，都是女生扮的。我發現扮演這事不單純，這些青少年自己買布料、手工縫製衣裳，這種投入是種養成，往後人生可盡情運用。他們放下青春期的尷尬，在公開的場合裡擺動身體，這是自信。而暫時超脫校園與常軌，在角色扮演裡鬆動性別，演出一天的醜怪或豔麗，青春可以這樣嘉年華。

五點。我和育立上臺，講到漫畫在臺灣也是主流時，發現觀眾席遠方有個扮演者聆聽著。她不久後走開，臉上有微笑。

六點半。停車場上，許多家長等著子女。少男少女們收起劍，拉起裙擺，妝花了，腳痠了，走向父母。

晚上九點。往柏林的高速公路休息站，今天早上喚醒我的紫色男孩，就在我前面等著點餐，他的披風上都是簽名與塗鴉。這件披風，會陪他度過青春期，孤單的時候穿上，跟著想像飛馳，正面迎向「成長」這個討厭鬼。

偏見，被我留在萊比錫了。

光

舞者好友孫尚綺在柏林知名的舞蹈劇場「十一號碼頭」Dock 11推出新作《4.48／無題》，這齣舞作蒐集了歷史上許多文人、病患在生死關頭時所留下的文字，用舞蹈劇場的形式，解剖人類心理的陰鬱區塊。我在首演前幾天來到了排練室，與尚綺一起觀看他們辛苦排練的成果。

尚綺在這齣作品裡讓表演者在象徵「牆」的佈景前延展肢體，心靈被牆囚禁，那些生死遺言與身體的輪軸纏繞，糾葛出詩意的生命困境。我坐在角落凝視眼前表演者，汗水隨著激烈舞動滴落，呼吸跟著表演節奏緩慢或急促，瞳孔被專注撐大。陽光穿過窗戶，溫柔地貼附在舞者的皮膚

上。那皮膚，晶瑩發光。

突然，我異常想念在臺灣劇場的日子。多年前，我曾是個劇場演員，把臺詞塞進腦中記憶夾層，在排練室裡與同學們一起創作。其實所謂的排練室，就是某人家裡客廳、夏日午後的榕樹下、甚至人來人往的街頭，反正只要有足夠的空間讓演員奔跑、導演嘶吼，就是美好的排練場所。排練是交付信任的過程，演員要把身體繳械，那些尷尬放不開的稜角全都要放下，放心地把自己交給導演，逐步進入劇中的角色。

時常，做戲的熱情與經費呈現極大反差，胡亂找贊助，連巷口的雞排攤都收到我們的演出贊助企劃書。記得有一次，根本沒錢租某個導演要的燈，某位同劇演員說了一句話：「沒燈？沒關係，我們演員自己會發光。」

觀看尚綺起舞，我也總看到光芒。他幾年前從臺灣來德國考舞團，在紐倫堡國家劇院當全職舞者，之後來到柏林發展自己的舞蹈生涯，與德

舞者好友孫尚綺在柏林知名的舞蹈劇場「十一號碼頭」Dock 11 推出新作

國頂尖的編舞家合作，一年到頭世界到處巡演，以色列、義大利、法國、瑞士都有他的蹤跡。他身體的延展性總讓我讚嘆，快速迴旋時展現肌肉的爆發，緩慢靜止時飽滿戲劇的張力。我常想像舞者身上有千萬個隱形的折線，因此可以做出那些我們這些關節老朽的平常人無法彎曲的角度。這些折線讓舞者可以蜷曲壓抑如受驚的犰狳，下一秒馬上伸展成滑行的飛鼠。而我覺得最迷人的一刻，就是當舞者狂放舞動之後，頭髮凌亂，汗水淋漓，濕透的舞衣貼著皮膚，舞臺燈灑在舞者身上，那些身體折線都開始隱隱發光，舞臺上的故事、要朗誦的詩、心靈的無形交流，請仔細看，都在那些光裡。

其實我很不願意稱尚綺為「臺灣之光」。這個詞彙被濫用，凡是臺灣人在國外有了收穫，就會被冠上這個頭銜。這個頭銜有缺乏民族自信心的嫌疑，彷彿一定要受到國外主流的讚嘆，才有被肯定的價值。而且這個「光」，直接指向「風光」或者「媒體曝光」，以掌聲大小為標準。但是，在德國我認識了許多臺灣創作人，他們「逆光」追尋，「韜光」低調，他們寫的書不太賣、投遞的企劃案等著被挖掘、躲在臥室裡譜出的音符等著發表。這些朋友跟尚綺都有個共同的特色：對藝術堅持，不浮誇嚷嚷自己的才華。在這個人人追尋「爆紅」的時代，我在這些人身上看到更沉穩長久的光。

我記得自己那次的演出，在拮据的經費下和劇場朋友完成了一次藝術的試煉。謝幕後，啃著雞排老闆贊助的香脆雞排，身體因熱情而滾燙。大家都在演出的過程裡，悄悄在心裡點亮一盞燈。那燈以商業觀點來看，根本是賠錢貨。但是那燈的光芒，引領著我們，往生命的理想航去。

孫尚綺獨舞 Traverse

廣場上的柴可夫斯基

腋下夾著小板凳、野餐毯，臉上擦上防曬油，頭戴巴拿馬草帽，換上短褲與涼爽的花襯衫，出門去。但我們不是要去河邊野餐，我們要去一場古典音樂會，柴可夫斯基第四號交響曲正在廣場上等著。

柏林菩提樹下大道上的國家歌劇院，今年第四度舉辦露天演出，就在歌劇院旁的貝貝爾廣場（Bebelplatz）搭起舞臺，整個週末免費讓市民前往聆聽。週六，廣場上的大螢幕實況轉播歌劇院裡演出的柴可夫斯基三幕歌劇《尤金·奧涅金》（*Eugen Onegin*），讓市民有機會在蒼穹下親近歌劇。週日，歌劇院的音樂總監丹尼爾·巴倫波因（Daniel Barenboim）帶著歌劇院的交響樂團走出歌劇院，站上廣場上的舞臺，演奏柴可夫斯基第四號交響曲。

我和朋友靜雯與蘇珊都愛古典音樂，約好一起去貝貝爾廣場聆聽這場音樂會。陰霾許久的柏林天空終於在週末前放晴，初夏的太陽與皮膚溫柔廝磨，我們和許多愛樂市民一起往廣場走去，找到空位，就地駐足安身。許多愛樂人自備板凳椅子或野餐毯，舒服地坐下甚至躺下，許多人從背包裡拿出準備好的酒，與好友家人共飲一杯，等待巴倫波因手上的

腋下夾著小板凳、野餐毯，臉上擦上防曬油，頭戴巴拿馬草帽，換上短褲與涼爽的花襯衫，出門去。但我們不是要去河邊野餐，我們要去一場古典音樂會，柴可夫斯基第四號交響曲正在廣場上等著。

指揮棒落下。開演前，整個廣場上已經被樂迷擠滿，市政府把廣場前的菩提樹下大道封閉，無法擠進廣場的人們就在大街上席地而坐，安全島上、垃圾桶上，任何一個制高點都被人們佔據。廣場上人們用熱烈的交談，回應頂上的驕陽。

時鐘指向下午四點，樂手們走上臺，群眾用熱烈掌聲歡迎。然後，穿著白襯衫的巴倫波因走上舞臺，大家用歡呼聲向這位音樂傳奇致敬。他高舉手上的指揮棒，原本鬧烘烘的廣場，突然就靜下來，樂音響起，壯闊的第四號交響曲馬上佔領了整個廣場。我看著大螢幕上年邁矍爍的巴倫波因，他的白襯衫第一顆鈕釦沒扣上，用輕鬆的穿著親近市民。這個首都的中心廣場，今

丹尼爾・巴倫波因（Daniel Barenboim）

天車聲不開張，人語也打烊，只留下古典音樂。

我也看著廣場上的市民，大家身上皆是極輕鬆的衣服，短褲背心墨鏡草帽，在冬衣裡藏了幾個月的白皙皮膚終於出來透氣，在烈日下微微紅著。我發現，這才是最舒服的聆聽古典音樂姿態啊！不用費心打扮，正經八百的西裝禮服請留在衣櫃裡，廣場上的露天古典音樂，你可以盡情躺著，喝乾手中的冰酒，踢掉咬腳的鞋子，你要用怎樣的姿勢聽音樂，隨你。於是，古典音樂一點都不高高在上，那些優美的音符，是頸下柔軟的枕。

我的身體緊貼著廣場，彷彿聽到廣場跟著音符起伏呼吸。一九三三年五月十日，納粹年輕學生受到煽動，就在這個廣場上焚書，兩萬本文學、哲學書籍在這裡被焚毀。那把憤怒、專制的火，在納粹戰敗後才熄滅。今日，廣場上有一個以色列藝術家米夏・烏曼（Micha Ullman）設計的裝置藝術，提醒人類這個文明史上的汙點。烏曼在廣場中央挖了一個地下空間，裡頭四面牆都是書架，所有的書架，都是空的。

這天，廣場上滿滿的人潮，與那些空的書架成鮮明對比。如果用廣場來比喻這座城市，柏林歷經過焚毀，拍掉肩上過去的灰燼，昂揚站立。這座城市，這裡的人們，用音符、更多的文明，填滿那些空的書架。

博物館長夜

雲朵在天空穿上夜色，夏末晚風伸出手幫人們加上外套，多喝一杯咖啡的博物館準備好熬夜加班，加開的專車待命。把耳朵與街道緊貼，可以聽到雀躍的腳步聲從城市的各個角落傳來，那是剛用完晚餐的人們，放下手邊的電視遙控器與啤酒，往博物館走去。這不是個尋常的柏林週六，今晚，孩子們可以晚睡，戀人可以在莫內的畫作前約會，朋友的聚會不在酒吧，半夜一點半，我們約好在千年的巴比倫城門前，不見不散。今晚，是柏林的「博物館長夜」（Lange Nacht der Museen）。

柏林的「博物館長夜」在夏天與冬天分別舉辦一次，從傍晚六點到凌晨兩點，城市裡幾乎所

1	
2	3

1. 貝聿銘設計的「德意志歷史博物館」
2. 博物館長夜排隊的人們
3. 博物館長夜專車

有的博物館、教堂、天文館都開放參觀，民眾只要買一張票，就可以頂著星空，坐著專車，到處拜訪博物館。

博物館是每個都市的文明關節，讓都市站在世界面前，能有更優雅的站姿。霓虹閃爍的百貨賣場催化人們的虛榮與購物慾，餐廳用美食滿足都市人對咀嚼的華麗需求，但只要轉個彎，走幾步路，總有一座博物館在那裡靜靜矗立，裡頭典藏著人類的知識寶藏，對於美的無盡追求就在那些畫作雕像裡。而就在這個夜晚，原本該熄燈的博物館全都開啟大門，「新國家藝廊」（Neue Nationalgalerie）前的亨利・摩爾（Henry Moore）雕塑今晚不准睡覺，貝聿銘設計的「德意志歷史博物館」（Deutsches Historisches Museum）今晚要說一整晚的德國章回歷史。這晚，不說經濟不談政治，我們手拉手，一起去拜訪美。

我和一群朋友約在「博物館島」上，這個位於市中心的河上島嶼，有五個館藏豐富的博物館，是遊客到柏林必訪之地。這個城市島嶼今晚滿滿都是人潮，大家耐心地排隊，在每個博物館之間忙碌穿梭。主辦單位規劃了七條博物館路線，派出專車，讓人們坐公車前往自行安排的參訪路線。每一臺專車都是滿座幾乎超載，大家甘心挨擠著。我聽見幾個小朋友開心地對父母說：「太棒啦，今晚我不用九點就要上床睡覺啦！」我對著這些帶小朋友出來體驗博物館長夜的家長微笑，他們讓小朋友接觸美，了解生命中不是只有網路電動漫畫偶像，而是有更多美的事物，值得用一生去探知。今晚有這麼多來自不同國家的人為了參觀博物館而排隊，也讓我對人類的未來稍微恢復信心，大家不是只為了美食熱潮、寫真集限購而排隊，而是為了親眼看到那些文物藝術。我不是說為美食排隊是件負面的事，但為了藝術排隊，腦筋需要更多的深層運作，一座城市一整晚到處都有人們與美的正面對撞，那些火花絕對不是人造煙火可以比擬的。

我們一群朋友各有不同的參訪路線，但大家都約好，在半夜一點半，博物館終於要休眠之前，我們都要回到博物館島上的「貝加蒙博物館」（Pergamon Museum），在藍色的巴比倫「伊斯塔城門」（Ischtar Tor）前互道晚安。我選擇不去擠專車，而是去看我最愛的克拉納赫（Lucas Cranach）的畫作〈青春之泉〉（*Jungbrunnen*），一整晚細細凝視，貪婪而不捨。午夜過後，我騎腳踏車回到博物館島上，一臺直升機正在島嶼上方盤旋，不斷地撒下紙卡。我從地上拾起紙卡，上頭是一首詩。這是今晚的活動之一，天不下雨而下「詩」，我默唸詩句，看著一群孩子在街上跑跳追逐那些從天而降的詩句。

在藍色的「伊斯塔城門」前，我找到了我的朋友。大家面色光潤，髮裡有露水，臉部肌肉醞釀哈欠。這座雄偉的藍色城門，從西元前五七五年穿梭時空來到我們面前，靜靜地看著我們擁抱互道晚安。「美」，真的是最好的消夜，我們口袋裡有天降下的詩句，身體因為博物館而飽滿能量。今晚，一定一夜好眠。

柏林 漢堡火車站

走進火車站，停靠月臺的卻是現代藝術；以為眼前是座動物園，其實是博物館。鳥鳴鹿叫，鼠竄蕈長，這裡，是柏林的「漢堡火車站」現代藝術博物館（Hamburger Bahnhof-Museum für Gegenwart）。

「漢堡火車站」是柏林很受歡迎的現代藝術美術館，館方不斷推出創新的大型裝置藝術，是柏林現代藝術領導品牌。這個新古典風格的美術館建於一八四六年，是當年柏林到漢堡火車路線的起站，一八八四年火車站正式停止營運，一九〇六年改建成交通博物館，之後歷經世界大戰以及兩德分裂，此地漸漸被人們淡忘。直到一九九六年，「漢堡火車站」以現代美術館的面

貌重新開幕，許多前衛實驗的現代藝術品進駐這個寬敞挑高的空間，很快地就在現代藝術的版圖上佔到醒目位置，藝術取代火車，搭載著最新的美學停靠月臺。館方策展方向大膽，總是找來能引起話題的藝術家進駐，拜訪者也都樂於讓抽象的現代藝術挑戰視覺，顛覆自己對美學的既有印象。

今年的十一月初，藝術家卡爾斯登・霍勒（Carsten Hoeller）在「漢堡火車站」推出大型裝置藝術「索馬」（SOMA），十二隻活生生的馴鹿搬進了博物館，馬上成為柏林入冬最受歡迎的展覽之一。「索馬」是一種印度教古籍裡的神祕飲料，據記載，飲者能受天啟、入神界、得財富，套句臺灣當今的用語，就是有喝有保佑。但此飲料的成分卻神祕難得，美國銀行家瓦森（Gordon R. Wasson）自行考證，宣稱毒蠅傘為此飲料的主要成分，這種蕈類吃了會產生幻象，主要用於當時的宗教儀式。他甚至臆測，因為馴鹿會吃毒蠅傘，於是「索馬」的成分之一可能是馴鹿的尿液。

這些近乎偏執的猜想，被卡爾斯登・霍勒以藝術手法承接，他在整個「漢堡火車站」的大廳鋪上乾草、架起柵欄，把十二隻馴鹿、二十四隻金絲雀、八隻老鼠、兩隻蒼蠅搬進美術館，以裝置藝術的手法重現「索馬」的魔幻想像，帶領觀者一嚐「索馬」

此飲料的成分神祕難得，美國銀行家瓦森自行考證，宣稱毒蠅傘為此飲料的主要成分，這種蕈類吃了會產生幻象，主要用於當時的宗教儀式。

的神祕滋味。

我一走進「漢堡火車站」，濃重的動物排泄味就撐開鼻腔，金絲雀的鳴唱灌進耳朵。走進展場，面前十二隻瑞典來的公馴鹿就在柵欄裡遊走，一會兒以頭上的角互頂纏鬥，一會兒奔跑追逐，但大部分的時間都在不斷地吃著糧食與排泄。這是一個非常特別的凝視藝術經驗，動物的存在帶來真實的味道與聽覺，馴鹿的壯碩讓觀者目不轉睛，金絲雀的清亮鳴唱有催眠的效果，巨大的蕈菇矗立眼前，雖然牆上的導覽解說依然玄妙難解、展覽的主題抽象難以言說，但藝術家建立的這個充滿味道與聽覺的世界，卻絕對帶人走進魔幻，彷彿飲下「索馬」。

而整個裝置藝術的正中間，藝術家建構了一個高起的平臺，上面一張雙人床，只要付得起一千歐元，民眾就可以在這個「索馬飯店」裡度過一夜。「索馬飯店」的客人可以在人潮皆散的夜間博物館裡遊盪，飽覽現代藝術之後，一起和馴鹿們入眠。這張床推出後極受歡迎，展期結束前幾乎都被預定了。我想像著那些住客聽著馴鹿低吼入眠，金絲雀在夢與現實的邊界高歌，進入夢鄉的那一刻，雖不

今年的十一月初，藝術家卡爾斯登．霍勒在「漢堡火車站」推出大型裝置藝術「索馬」，十二隻活生生的馴鹿搬進了博物館，馬上成為柏林入冬最受歡迎的展覽之一。

至於受天啟入神界，但絕對脫離外面那個正開始飄雪的冷酷世界，逼近「索馬」之境。

這次展期剛好遇上聖誕節，許多家長們帶著小朋友前來看展。小朋友們對抽象藝術還無法靜靜領略，但面前的馴鹿，卻變成了聖誕節的想像。我聽到一個小朋友問爸媽：「聖誕節的時候，聖誕老公公會把這些馴鹿帶走嗎？」那位媽媽妙答：「叫妳爸花一千塊，我們今年聖誕夜就可以睡在那張床上，看看聖誕老公公會不會出現。」

那爸爸，如同飲了「索馬」，神情恍惚，遁入幻界，什麼都沒聽見。

柏林數位遊牧民族

有那麼一個冬日，我在柏林醒來，一如往常梳洗穿衣，用咖啡喚醒拒絕張開的眼睛。窗外大雪紛飛，低溫從門縫偷渡入屋，躲在我腳趾間取暖。我打開電腦，準備繼續未完成的長篇小說。

就在那一刻，我確定，孤單來襲。

那是一種非常明確的創作孤寂感，具體的自我質疑，不是年少時的那種故做憂愁。我自問：我投入寫作這麼多年了，到底完成了什麼？我自己躲在這間房裡，遠眺著柏林電視塔，苦心編織的那些句子，其實都只得到很有限的回應。我出版的書沒賣相，文字不夠淺白，人沒名氣。我不是要索求榮耀，但我應該能做得更多。

好友Y建議我，把電腦放進背包裡，走一趟Betahaus，去看看別的創作者。也許，我的孤寂感會被大雪沖淡，反正往外走走，契機不會坐在家裡沙發上等我。

Betahaus位於柏林「「十字山區」」（Kreuzberg），一整棟大樓提供創作者工作空間，吸引了記者、作家、設計師進駐。近來文化創意產業在德國也是政府施政重點，這個空間聚集了許多創意人，因此聲名大噪。創立者借電腦用語Beta給此地命名為Betahaus，意

思為「未完成的試用版之屋」，如同電腦軟體的試用版，創立者希望這個空間一直持續演化，讓各路參與者投入他們的創意活力，整間屋子永遠未完成。

我參加了Betahaus的導覽，跟著解說人員進入屋內，實地觀看整間屋子的運作模式。在參加導覽之前，我先拿到了一張價目表，上面清楚列出進入此地工作的代價，獨立工作者可以依照所求，購買日票、月票，就能在指定的桌子上工作，Betahaus會提供咖啡、高速網路、印表機、收信服務。我看著價目表，懷疑在眉間擰出問號：一天要十二塊歐元，還不是私密的個人空間，而是多人分享一個大空間，我為何不在家裡寫作就好，還要多這筆開銷？

導覽從地面層樓的咖啡廳開始，咖啡桌上圍坐了許多年輕人，所有人面前都一臺筆記型電腦，每一桌的討論比服務生端上的咖啡還滾燙。我隨著導覽進入屋內，發現裡頭還有工廠，提供設計領域的創作人在此工作，無論是舞臺的景片或者家具都可在這裡完成。一個英國設計師正在使用CNC車床，他停下來跟大家打招呼，他說，這個工作坊裡頭有許多不同領域的設計人員，有劇場、家具、工業、服裝，大家同在一個空間裡工作，分享彼此的創意，許多設計師還因此開始合作，激盪出新的可能。這個工作坊的關鍵字是「分享」，各路人馬帶著各自的技藝來這裡完成作品，不是為了競技，而是彼此協助與學習。

往上走，我們走進一間間的工作室，所有的空間都擺放了許多的桌子，讓租用的創作者在此工作。這裡的硬體空間非常開放，風格極簡，牆壁沒有精緻的粉刷，地板不是高級的原木，桌子只是簡單的四腳桌。我看到許多創作者坐在桌前盯著電腦，有的跟我一樣正在堆疊文字，有的正處理著攝影圖象，所有人的專注凝聚成的一股無形的張力。我原本擔心這裡會像是臺灣的K書中心一樣，瀰漫著濃濃的睡意，但這裡磁場旺盛，每個人臉上不見疲憊慵懶。

於是我懂了，來這裡工作，可以提高效率。創作者只有要一臺電腦，就可隨時隨地工作，大家都是數位遊牧民族。來到這裡，可以遇見其他與孤寂奮戰的獨立創作者，在集體創作氣氛下，效率會提升，在家反而容易怠惰。還有，在這裡與大家分享創作甘苦，依偎取暖，孤單於是就淡了。Betahaus給這些遊牧民族一個創作分享平臺，於是大家不用從這個咖啡館流浪到那個咖啡館，這裡，有許多人一起稀釋孤單。

其實這樣的地方並不適合我，我還是喜歡家裡的這張舊書桌，只有在這裡，我最逼近自己，毫無偽裝。但走訪Betahaus一趟，我看見那些埋首創作的柏林數位遊牧民族，頭頂上都有漫畫書人物說話時的對話氣球。氣球裡，都是他們腦子裡慢慢燒開的創意，那可能是下一部電影的劇本、感動讀者的小說、時尚男女爭購的衣飾。

我知道我頭頂上也有那麼一個氣球。這個冬日，我把氣球帶回家，打開電腦，繼續。

Betahaus位於柏林「「十字山區」」，一整棟大樓提供創作者工作空間，吸引了記者、作家、設計師進駐。（Daniel Seiffert 拍攝）

柏林製造，製造柏林

結束年度返臺探親之旅，我回到了一月的柏林。一月真的是柏林蕭條月，過節的氣氛一路從聖誕節延伸到跨年，狂歡的炭火一進入新的年度，馬上降溫熄滅。許多柏林人在跨年期間放長假，舉家飛往溫暖的國度避寒，於是人氣低迷的城市被低溫鎖著，冷清蜷縮。

我決定穿上大衣，沿著家前面的法蘭克福大道散步，跟這座城市請安，補說新年快樂。

氣溫攝氏三度，之前冰封整座城市的雪慢慢融化。雪是城市臉上的厚重粉底，遮蓋真實的面目，雪一融去，城市的皮膚顯露出來，地上盡是跨年期間人們瘋狂燃放的鞭炮煙火的殘骸、派對人群砸碎的酒瓶、還有市政府在人行道上撒下的止滑碎石子，雪融成爛泥，一月的城市漫步，真的難以優雅前進。一月也是聖誕樹的喪禮月，用翠綠與一身七彩裝飾陪伴人們過節的聖誕樹，在此刻都被丟棄到街上，等待垃圾車的到來，短暫的燦爛，馬上就要進入銷毀回收程序。

我走到法蘭克福大道八十九號，準備走進專門販賣柏林本地設計師作品的商店Berlinomat，想用這一季新的柏林創意，淡化眼前的蕭瑟。但眼前的標語刺進眼眶：「結束營業大拍賣。一月十五日，我們即將關門大吉。」

Berlinomat在七年前開張，老闆魏希曼（Jörg Wichmann）選在這個並非時尚商店聚集的大街上開店，店裡搜羅柏林本地設計並且出產的設計師產品，不管是服飾、家具、廚具、日常生活用品，只要是「柏林製造」（Made in Berlin）的創意，都可上架販賣。我非常喜歡來這家店逛逛，看看設計師們如何運用巧思，把柏林這座城市的鮮明意象融入設計，例如柏林電視塔形狀的烤餅乾模型、印上柏林天際線的杯墊、迷你版的柏林圍牆模型，都讓我愛不釋手。這幾年柏林創意產業飛升，「柏林製造」成為受歡迎的銷售標語，Berlinomat就在這股風潮當中開設，提供年輕設計師一個銷售平臺。除了實體商店，Berlinomat開設了網路通路，並且在機場以及中央車站都放置了「柏林製造自動販賣機」，旅客們聽到了販賣機裡頭的柏林設計品的召喚，投入現金，便可馬上取得設計感強烈的產品。有一次我匆忙啟程拜訪朋

我走到法蘭克福大道89號，準備走進專門販賣柏林本地設計師作品的商店Berlinomat，想用這一季新的柏林創意，淡化眼前的蕭瑟。但眼前的標語刺進眼眶：「結束營業大拍賣。一月十五號，我們即將關門大吉。」（陳思宏拍攝）

友，毫無時間購買禮物，機場的「柏林製造販賣機」便拯救了我，讓我在短時間內買到精緻又別致的禮物，讓朋友收到來自柏林的道地祝福。

但，經過七年的慘澹經營，Berlinomat 的實體商店實在是撐不下去了，一月十五號是最後一天營業，店門外都是醒目的關門大吉告示，店裡存貨堆疊，以折扣吸引顧客最後的青睞。我進入店內，一群女人正在試穿設計感強烈的襯衫，笑語綻放，店員們親切服務，似乎沒有感傷的氣氛。我把玩著一個燈具，和年輕的女店員攀談，即將失業的她聳肩說：「這條街實在是沒有時尚的氣氛，設計商店在這裡很難生存啊。」的確，雖然許多柏林旅遊指南都會把 Berlinomat 列入必訪景點，但這個城市角落真的是時尚邊陲，店裡人氣一直無法旺盛。

那柏林的年輕設計師還有駐點可推出創意嗎？畢竟創意無限，但沒有陳列的管道，設計師還是沒機會讓他們的設計進入我們的日常生活，讓這個世界更美好。我的擔心也許多餘了，老闆決定網路商店繼續經營，「柏林製造販賣機」在投資者的支持下，據點會增加，他也在時尚感強烈的城中區（Mitte）尋找適合的地點重新開設商店。這廂落幕，在不久的未來，那廂爐灶重起。

我選購了一個燈飾，離開Berlinomat，踏回泥濘的街道，被小小的感傷籠罩。才五點，黑夜重重砸下來，家家戶戶都點燈，下班的車潮湧現。我漫步回家，想像著那些萬家燈火裡，有那麼一群設計師，正用他們的雙手把草圖上的點子付諸現實。這些產品不是工廠雇用廉價勞工所大量製造的，而是承載著夢想的創意，讓人們把美感帶入日常生活，城市風景也因創意而更美麗。

所以，他們不只是「柏林製造」，他們的創意，也製造了柏林。這，正是我熱愛的柏林。

除了實體商店，Berlinomat 開設了網路通路，並且在機場以及中央車站都放置了「柏林製造自動販賣機」，旅客們聽到了販賣機裡頭的柏林設計品的召喚，投入現金，便可馬上取得設計感強烈的產品。

柏林文化嘉年華

襯衫上的豔麗花朵招搖綻放，油彩緊緊抓住兩頰，喉嚨的灰塵都在乾咳當中退散，尖叫隨時要從丹田衝出身體，拘謹、安靜全都留在家。今天柏林嘉年華，請放肆唱歌打鼓，柏油路封鎖不給車輛經過，這裡只歡迎舞動的雙腳與手臂，還有開放的心。狂歡有理，這天是歡慶「差異」與「多元」，任何膚色、語言、宗教、國籍都請走出家門，一起在舞動中把鞋跟磨平、把汗水流盡、把喉嚨唱啞。你美麗，因為你不同。

「文化嘉年華」（Karneval der Kulturen）是柏林的年度盛事，主辦單位把「「十字山區」」的主要街道封閉，讓群眾在街頭與參加遊行的隊伍狂歡。柏林三百多萬人口當中，有超過四十五萬的居民持有非德國護照，多元族裔是德國首都不可忽視的存在。為了促進諒解，消弭因文化背景互異而產生的歧見，「文化嘉年華」在一九九六年首次登場，鼓勵各個族群自組遊行團隊加入遊行，在街頭驕傲展示自己的傳統服裝與身體姿態，讓誤解在狂歡當中被稀釋，讓孩子在舞動當中學會尊重他者。

嘉年華是人類社會裡存在已久的慶典，許多宗教與文化都有重要的嘉年華會，把人們從日常生活當中的拘束釋放，在慶典裡人們可縱酒嬉戲，說話分貝可破表，肩頭的壓力丟擲給天地。我每年都會來參加「文化嘉年華」，跟柏林人一起在街頭擠著，爭看遊行隊伍的華麗姿態。此時的柏林人全家大小都出動，爸爸平常的西裝在衣櫃裡放假，媽媽穿上亮麗的夏衣，爺爺耳朵戴了花，小朋友們臉上塗上油彩，一起為遊行隊伍喝采。

為了搶到好位置，我早早就到達遊行必經街頭，在路中央的安全島上佔得好視野。各種不同的語言一直來耳朵搔癢，我努力辨認，法文、阿拉伯文、中文、英國腔英文，以及各種我根本無法猜測的語言。黑、黃、白，不同膚色的人在身旁穿梭來去，各種語言在聽覺裡攪拌成混合果汁，喝一口，我發現語言在嘉年華裡根本不是障礙，因為那些語調都是上揚的，帶著微笑的，「懂不懂」根本不是重點，「開心不開心」才應該

是粗體的大標題啊。

遊行隊伍帶著激昂的鼓聲來到，非洲鼓聲宛如獅吼，巴西森巴舞者把柏林變成里約熱內盧，泰國少女頭上的金飾召喚南洋暖風，印度寶萊塢舞蹈讓街頭充滿印度香料的濃烈。將近一百個遊行隊伍，來自各個不同的國家或者團體，都要準備一支表演舞蹈，角逐團隊大獎。我跟著人群鼓掌、尖叫，鼓聲宛如巫師咒唱，讓大家都被律動附身，跟著音樂擺動肢體。我一開始試圖辨識哪個團隊來自哪個國家，但看到最後，發現嘉年華的色彩果真太強烈，讓我開始色盲，膚色、國籍全都無關緊要，那些臉上的驕傲笑容，才是茫茫人海當中，結交朋友的橋樑啊。

於是我開始勾勒夢想，有沒有可能，我也來組個團隊，加入明年的遊行呢？我在柏林的臺灣朋友，有優秀的舞者、劇場導演、音樂家、藝術家、作家，如果我們各自發揮長才，應該有辦法組成一個福爾摩沙團隊加入嘉年華，在柏林街頭展現我們 Made in Taiwan 的驕傲？我腦中出現一輛閃閃發光的電子琴花車，大家表演車鼓陣，加上現代的舞蹈，沿途發送DVD，裡頭有臺灣舞蹈、劇場、電影的剪輯；還有臺灣小卡，上頭有臺灣作家的詩句、作品摘錄，在手中摩擦，可聞到臺灣香蕉的香氣……

沒有資金的現實，馬上戳破我的幻想。參加「文化嘉年華」必須有一筆資金，才能負擔大家的閃亮舞衣，還有那輛在陽光下燦爛奪目的電子琴花車。今年已經有團隊表示明年

無法再參加，因為主辦單位根本無法給予主要資金贊助，募款的壓力擠壓了大家展現各自文化的決心。

想到資金，我的夢想暫時喪氣。洪亮的喇叭聲，把我拉回嘉年華。一個黑人小女孩在遊行隊伍裡獨自跳著舞，彷彿這些成千上萬的觀眾，就是專程來觀賞她的舞姿。我相信，她身上的黑亮皮膚，在學校裡、生活裡，有時一定會讓她產生自我懷疑，為何同學金髮白皮膚，我卻如此不同？所以我們都需要嘉年華，讓族群站出來，跳一支舞，唱一首歌，讓每個人都了解，這世界如此繽紛，是因為有這麼多的種族與文化，調色盤上才不是只有一個孤單的顏色存在。

我相信，黑人小女孩會一直充滿自信地，舞動她的不同。

嘉年華的色彩果真太強烈，讓我開始色盲，膚色、國籍全都無關緊要，那些臉上的驕傲笑容，才是茫茫人海當中，結交朋友的橋樑啊。

植物園的夏天

柏林七月夏天，低氣壓籠罩，湖水冰冷，烏雲囂張。十五度的清冷寒夏，我的花襯衫、短褲、夾腳拖鞋悶在衣櫃裡尖叫，腳踏車躲在角落瑟縮，陽臺上的盆栽瑟縮發抖。約了幾個朋友來家裡開鍋，生紅椒、大蒜、老薑在熱油爆出暖意，丟進熬了許久的高湯裡，一鍋熾熱上桌，七月大啖麻辣鍋驅寒，火鍋料是溫暖的樂高積木，在胃裡堆砌出一個火爐。朋友叉腰憤怒，與屋外的冷風對罵：「說好的夏天呢？快還給我！」

我在臉書上看臺灣朋友的留言，皆喊炎夏黏膩，讓我突然很想家鄉，那夏衫貪婪吸取汗水的中臺灣夏天，鳳梨芒果西瓜盛產，人們在傍晚圍坐在前庭，用扇子趕蚊，吃水果聊農事。不能跳進河裡消暑的歐洲夏天，真是無趣，湖裡沒嬉戲的孩童，公園的草地思念著做日光浴的人們。

我邊吃火鍋邊翻閱柏林的藝文消息，看到植物園策劃了好幾場夏日露天音樂會，但想到要穿上防風防水的外套在寒風中聽音樂，興致全失。忽然，我想到植物園當中的熱帶溫室，開心地說：「吃完火鍋，一起去拜訪熱帶吧！」

柏林植物園佔地超過四十三公頃，是德國最大的植物園。這裡建於一八九七年，約二萬二千種的植物在這生長。這裡也是重要的教育機構，供柏林自由大學的相關科系在這裡進行教學研究。廣大的園區裡，最著名的就是巨大的玻璃溫室，這個以鋼鐵做為骨架建造的玻璃溫室，恆溫三十度，各種在德國冷峻冬天裡會重感冒的熱帶植物，在這裡面恣意生長。我很喜歡冬天來拜訪這個巨型溫室，低溫被鎖在玻璃屋外，溫暖的室溫讓人脫下厚重的外套，盡情地親近各種繽紛熱帶植物，是我最愛的柏林寒冬熱帶天堂。我喜歡帶本書，在溫室竹林裡的椅子上閱讀，眼睛累了就看看花草樹木，彷彿屋外的冬天跟我完全無關。在這裡我可以看到許多我叫不出名字卻很熟悉的植物，我在臺灣鄉下跟這些植物一起長大，我喚不出它們的學名，卻記得它們的綠色身影，摸摸它們，手指沾染了家鄉味，我和它們都是異鄉遊子，用熱情擊掌問好。

我和朋友穿過寒夏，來到了植物園，在溫室裡開心地把外套塞進背包，襯衫上的花朵終於可以在溫暖的空氣裡呼吸了。溫室巨大，值得流連，大家和植物們合影，空氣中有花香漂浮。老天爺不給暖夏，那我們就來溫室裡過夏天，看闊葉伸懶腰、香花怒放招搖、水蓮睡午覺。

離開溫室，外套圍巾上身，大家又開始咒罵天氣。

賓根的赫德嘉植物導覽

我看到一群人圍著一株植物，專心聽一位女子解說，我趨近跟著聆聽。女子是個植物學家，在園區裡定期舉辦導覽，結合文學、歷史與植物學，帶市民們貼近自然。她說著賓根的赫德嘉(Hildegard von Bingen，1098-1179)的故事，這位聖者女士是個十二世紀的作家、音樂家、哲學家，她在那個女性有諸多枷鎖的年代，創立了修道院，研究天文地理，在歷史上留下璀璨的女性印記，是女性主義的重要研究對象。她在著作中有許多植物的考究，詳列哪些植物有療效，研究成果至今仍有參考價值。我決定加入導覽，跟著大家在植物園裡找尋賓根的赫德嘉研究過的草木，才發現原來草本治療在歐洲也有這麼長遠的歷史。養生、食療、保健等現代議題，其實早在十二世紀的修道院裡就是日常生活裡的課題了。

我跟著大家把用手指揉搓各種藥草樹葉，馨香在手指裡綻放，藍天黃土孕育出的綠葉，其實蘊藏天然療效，值得投入更多的研究。賓根的赫德嘉的保健方法顯然有效，在醫學不普及的中世紀，她竟然活了八十一年，高壽離世。負責導覽的植物學家從包包拿出一罐酒請大家喝，是她用賓根的赫德嘉研究過的藥草浸泡過的。我站在寒風中喝了幾口，喉嚨微熱，兩頰出現夏天的顏色。

離開植物園時，雨掙脫烏雲降落，冷風襲臉，看來夏天是真的失約了。我決定繞去書店買本賓根的赫德嘉的書，只要有空，我都要把花襯衫藏在外套下，走進植物園裡的溫室，找棵不知屋外淒風苦雨的大樹，讀書上網打盹，如此，過我的三十度恆溫夏天。

廣大的園區裡，最著名的就是巨大的玻璃溫室，這個以鋼鐵做為骨架建造的玻璃溫室，恆溫 30 度，各種在德國冷峻冬天裡會重感冒的熱帶植物，在這裡面恣意生長。

廢棄的樂園

花事哪可敵過一枯一榮，磨蝕了，過程。——林憶蓮〈枯榮〉（詞：喬星）

高中時，我有一陣子很愛蒐集任何關於「時光」的詞彙，荏苒、悠悠、滄海桑田、斗轉星移，面對再怎麼方正工整的作文題目，例如〈志願比天高〉或者〈如何面對挫折〉，我都一定要在文章裡嵌入「悠悠時光擦過我鼻尖」、「荏苒歲月不容蹉跎」、「生鏽的歲月如此滄海桑田」這種怪腔調的文字，用自以為的詩意，企圖拉攏一些分數。其實年少生澀，還沒啟程闖蕩，用來丈量時間的單位是枯燥的課堂，絲毫不覺時光兇猛，只哀嘆世界停滯，彷彿永遠都要被逼著做我根本學不會的數學題目，永遠都沒有畢業的那天。

多年後，我到了吳哥窟，站在古蹟神廟前，驚覺時光的力道如此駭人，樹的枝葉、根鬚破開牆垣，熱帶林木戰勝人類古文明，高中時背誦的成語「敗宇頹垣」不需要好萊塢特效就在眼前成真，時光推倒了一座城。我坐在石塊上，看遊客開心地與霸佔城牆的樹根合照，突然我就懂了。時光是毫無疆界的運動，沒有任何詞彙可以精準描繪，因為其實怎麼形容也無法挽留任何片刻，時光一直擴張，城市終會成廢墟，山丘會沉沒又上升，今天的島嶼，明天就只是沉到海裡的過往雲煙。

於是我鍾愛廢墟。誰都抓不住時光，那就來親眼看看繁華褪盡，看一切都壞了、舊了、鏽了、腐蝕了，就會覺得許多生命裡的瑣事都不用在乎了，執著不肯放手，說謊堆砌假象，那根本是任由時光宰殺。再怎麼費心點亮的霓虹燈，都有熄滅的一天。是的，廢墟就是我的靈修，讓我心底寬廣。

柏林人鍾愛廢墟，越邊緣破敗，就會吸引更多人想盡辦法入侵造訪。位於柏林東南邊森林裡的「史普雷公園」（Spreepark），就是知名的廢棄遊樂園，是廢墟愛好者來柏林的必訪之地。

「史普雷公園」前身是前東德的遊樂場，建於一九六九年，當時名為「文化公園」（Kulturpark），提供市民全家大小一個休憩場所，是許多東柏林人兒時的共同回憶。柏林圍牆倒塌後，由維特（Witte）家族接手營運，一九九二年重新開張，新遊戲機械進駐園區，遊客人數大增。但很快地，訪客人數下降，維特家族退出經營，舉家遷往祕魯開設新的遊樂園，並且把「史普雷公園」的幾個大型遊戲機械運到祕魯去。從此，「史普雷」公園被徹底閒置，在森林裡荒廢，從此變成許多柏林人探險的祕密基地。人們突破封鎖線進入園區，在已經不運作的園區裡探險，塗鴉者拿著噴漆，四處宣告到此一遊。

幾年前，這裡終於重新開放，但是以破舊的廢墟遊樂園的面貌，讓柏林人重訪。訪客必須跟隨導覽，或搭乘小火車，才能進入這個被棄置的遊樂園。我跟著導覽進入園區，這裡林木茂盛，所有被遺棄的機械在原地任時光洗刷，籐蔓包覆雲霄飛車的軌道，鏽蝕去所有閃亮的顏色，蜘蛛放肆結網。我在這裡閒晃，剛好一陣驟雨，陽光抽身，森林裡陰森潮

溼寒冷，一切宛如童年惡夢之境，恐龍斷手斷腳，人工水道成青苔滋生地，摩天輪任由暴風推移旋轉，海盜船不再揚帆，天鵝船上長了水草，旋轉木馬被丟棄在雨中漸漸失去光澤，旋轉咖啡杯裡頭都是破碎的啤酒瓶。但其實所有來參加導覽的遊客都遊興不減，小朋友們在壞掉的遊樂設施爬上爬下，蜘蛛網黏手，灰塵沾滿全身，無法發動的，那就用想像力驅動。時光在這廢墟遊樂園留下超現實的筆觸，這是個另類的童話場景，一切皆毀，神祕的廢墟色彩，反而讓

大家更流連忘返。

導覽隊伍當中，有一位中年女士，小時候就常跟家人來這裡玩耍，當時還是鐵幕裡的前東德「文化公園」。她試圖尋回一些童年記憶的熟悉場景，卻只是一直重複說：「一切都不樣了，都不一樣了。」廢墟裡沒有留存童年的彩虹記憶，時光把一切都扭曲變形，追尋之旅只能枉然。童年，沒有回來過。

我淋雨離開「史普雷公園」，走出森林，馬上回到文明柏林街道。往回看，森林裡深處的摩天輪已經被樹給遮蔽，彷彿剛剛做了一場夢。我站在森林與文明街道的交界，有在時光渠道裡迷路的錯亂感受。

我輕輕唱起林憶蓮的粵語歌〈枯榮〉，所有明豔過、閃耀過的，都無法抵擋時光磨損。一陣暴風吹來，拿傘的我幾乎站不住腳，傘在雨裡綻放成一朵破爛的花。身後的樹林沙沙大響，彷彿林子裡的幽靈趁天暗出來撒野。這次，我清楚地感覺到，時光從眼前經過，捲起了什麼，吹起了什麼，帶走了什麼。

原來，年少時寫的「悠悠時光擦過我鼻尖」不只是假文藝腔，在這個廢棄遊樂園的出口，清清楚楚，發生了。

Berlin

輯三：柏林人故事

柏林人故事

許多柏林人一開口，就是一部電影。他們的故事音符在生命的五線譜上戲劇跳動，但從他們口中娓娓道來，卻是平淡的單音行進。柏林人冷峻，語調穩重，吐出的字句在空氣裡擺盪，一碰上肌膚，就有刮傷的力道。

我專心聽著故事，發現越曲折，說故事的人臉上表情就越平淡。敘事者終究不是對著鏡頭演給觀眾看，於是省略抑揚頓挫，淡淡地說，就好。

一、心裡的牆

我剛來柏林時，花了一整年時間學德文，語言學校位於房價不斷飆高的 Lychener 街，舊公寓翻新成高價新房，時尚餐廳林立，很難察覺這以前是前共產政權下的東柏林。Y是我幾位老師之一，清瘦嚴謹，笑起來總似乎總有點無奈感，一下課就到街上猛抽菸。我們在課堂上討論柏林圍牆，試著把「牆」（Mauer）這個陰性名詞牢牢記住。Y認真說著柏林圍牆的歷史，然而我們只想趕快下課去雪地裡打雪仗，完全無法專心聽他解說。Y看穿我們，突然決定把大家帶到外面：「在教室裡說牆，太無聊了。我們在柏林，我帶你們去看我心裡的牆。」

那天積雪，大家都是大衣毛帽雪靴，但Y卻一身單薄，深刻的魚尾紋裡躲著冷風，口中吐出的煙絲在空氣中凝結。他指著學校對面房價高漲的公寓說：「我就出生在那棟公寓裡。」一九八九年牆倒塌的那一刻，他是個正在值勤的年輕東德士兵。在那動盪的歷史時刻，軍令混亂，世界失序。他決定步行回家，穿過那些騷動的人民，在家裡把軍服脫下。他知道，東德政權要垮臺了。

那是他最後一次穿軍服。

之後，東西德統一，他領了新護照，終於可以有旅行的自由了，之前，他一步都沒踏出東柏林。他去了澳洲、阿根廷、美國，越遠越好，掙脫極權下不能旅行的桎梏。他到處打工，跟遊民睡在公園裡，拮据無妨，只求眼界開闊。

一年後他歸來，才去了德國西部，拜訪早就離開東德、投奔西方的母親。母親離開他之前，從沒跟他說過投奔的打算。就是一個尋常的下午，母親走出房子，再也沒回來過。當時，他十歲。

雪落下的時候，他的故事剛好講到母親。雪下得真是時候，綿密厚重，幫我遮掩聽故事的眼淚。我無法想像那母子的相會，當初沒有道別，如今如何問好？

我們一起走到 Bernauer 街上的「柏林圍牆紀念碑與記錄中心」（Gedenkstätte und Dokumentationszentrum Berliner Mauer），Y 沿路灑故事碎片，我在後面撿拾，他心裡的牆。牆還留著小部分遺跡，Y 讓我們上前觸摸，許多遊客開心地與牆合影。牆的黑暗歷史，對很多年輕人來說很陌生，這面牆就只是旅遊指南上的熱門景點。

Y 不肯接近牆。他轉身離去，跟他母親當年一樣，毫不留戀。

2011 年八月十三號，柏林圍牆建立五十周年，「柏林圍牆紀念碑與記錄中心」舉辦紀念儀式，素人舞者演出〈磚塊之間〉（*Between the Bricks*），紀念為了翻牆而死亡的人們。

1961 年八月十五號，東德士兵 Conrad Schumann 在柏林圍牆執勤，他拋下槍，跳過鐵絲，投奔西柏林。

地上的標示寫著：1962 年 1 月 29 日，一個人在此翻牆逃亡。

二、完好的廢墟

我跟消失好幾年的C約在柏林街頭見面。C「身世」複雜，剛認識他的時候，他跟老婆小孩簡直是服飾型錄裡的燦爛白人家庭，幾個月後他離開家庭，申請離婚，以女裝出現在我眼前，乾燥的嘴唇上多了鮮豔口紅。又過了不久，他發了電子郵件給所有朋友，他毅然離開柏林，因為愛上了南美洲女同志。

幾年沒見，我們約去「索芬劇場」（Sophiensaele）看舞，當晚的表演跟城市空氣一樣乾燥，我們都覺得難看。但是這個焦黑破敗的小劇場跟我幾年前來柏林時一模一樣，破敗的硬體環境裡，卻生出許多動人的表演。這就是柏林，許多狀似危樓的場域，是藝術家最愛的角落，太精緻人工的地段，其實有諸多限制，不適合自由。C一整晚罵柏林，房租漲、雅痞滿街、藝術家都出賣自己了。

劇場外的路燈下，我終於看清C臉上的乾裂粉底，他雖然今天以男裝現身，但臉上卻是濃厚的粉妝，只是他皮膚太乾澀，粉底掙脫皮膚，隨時要崩塌。我突然明白為何我這麼愛柏

Bernauer 街上的「柏林圍牆紀念碑與記錄中心」

林，因為這都市傷痕太多，廢墟太多，兩德統一這麼久了，市政府依然破產，很多劇場夜店畫廊還住在破爛的建築裡，公園裡的綠山丘是用二戰後那些殘破瓦礫堆起來的。因為這個城市未完成，所以廢墟處處，爛東西有種鬼片的魅力，誘人看下去。

我沒多問C好不好，因為我知道他很好，他如此廢墟一座，蛻變的故事還沒演完，跟柏林一樣。

三、電話

M打電話來，檢查報告出爐，他腦子裡長了腫瘤。他自己是個醫生，知道自己病情的嚴重性，他淡淡地說：「抱歉，之前答應去你家吃飯，要失約了。」

M身形魁偉，嗓門大，笑起來擊桌拍掌，陽剛硬漢一名。他的男友是個清瘦的搖滾樂團主唱，兩人吵起來天翻地覆，和好時緊抱著彼此，十分搖滾精神。有次M手上的戒指不見了，竟然在朋友的聚會當中，說戒指一定是卡在男友的屁股裡，要男友當眾脫褲還他戒指。大家以為又是情侶玩笑，想

「柏林圍牆紀念碑與記錄中心」前方的紀念公園，有紀念為了翻牆而死難的人們的紀念碑，每張照片，都是德國人權史上的傷痛記錄。

不到M非常認真地要脫男友褲子，大聲說著：「那是我媽給我的戒指！」

我搬家時，他主動說要幫忙，他粗壯的手臂幫我搬了書桌櫃子，沉重在他手中似乎就是輕盈。不過這一年來我和幾個朋友刻意疏遠他，因為他脾氣變得暴躁，到處惹官司，聚會時總是自己傻傻大笑，無端找人吵架。現在想想，一切也許是腦瘤影響？

M在電話上說，自己很鎮靜，但母親無法承受。兩德分裂時，他們全家住在東柏林，他父親受邀到瑞典參加會議，帶他前往，藉機取道逃往西德。母親，就被留在東柏林裡。柏林圍牆一夕倒塌後，他連夜開車到東德小城去，幾個星期之後，他終於在混亂的街上找到了失散十年的母親。

後來，經歷兩次大手術後，M的病情，似乎得到控制。但他停止社交活動，也不再跟任何人聯繫。有次聚會，朋友們詢問他的近況，卻沒人確切知道。我其實不想去打探，我怕壞消息。地震、海嘯、濫殺、饑荒、歧視，傷痛畫面一直塞滿晚間新聞，我很怕多聽到一則壞消息。

我每天書寫的這張書桌，就是M幫忙從樓下搬上來的。我寫著，等他的電話。

四、動物公園

O在隆冬深夜打電話來，跟我約去柏林市中心的動物公園慢跑。我很難拒絕人的個性被他低迷的語調攪動一下，就答應隔天早上陪他去簡直是個大冰庫的公園慢跑。

我一身勁裝跟O進公園暖身，衛生褲裡躲著因為太冷而從皮膚滲出的髒話。池子結冰，積雪壓著冬眠的樹。O的表情跟天氣一樣凝重，欲言又止。我在結冰的草地上踩著別人留下的冰凍的鞋印，以尺寸判斷，男人居多。夏天時，公園的某一角可是男色蕩漾，一次我跟兩個臺灣女生在公園裡迷了路，朋友用手肘點醒我：「怎麼，整個公園就只有我們兩個是女的啊？」遠近的草坪上，都是男體在陽光下燒烤，這裡一直是知名的獵豔公園。

O終於開口，他的HIV檢查報告出來了，呈陽性。還有，臺灣男友P決定離開他，回臺灣去了。他不要安慰，他只要一次把這些事說出口。早晨的森林公園只有零星的慢跑者，大樹靜靜聽著他說，冷風把他的故事吹向遠方。

我們往森林深處跑去，無言。

公園裡的池塘還冰凍著，四周毫無綠意。春天，聽說在不遠處。

熊熊是夥伴

卡爾在柏林一家兒童輔導機構工作，本來是個蒔花的工人，但開朗的個性配上高大壯碩的身材深受小朋友喜愛，在輔導機構的贊助下，拿到了兒童心理輔導的學位，從屋外的園圃走入室內，擁有了自己的辦公室。

因為B，我結識了卡爾。B是個臺灣德國混血兒，在他五歲那年，父母離異，德國父親搬去泰國，從此沒下落。B的母親沒工作沒朋友，過了幾年酗酒的生活。某天一覺醒來，發現兒子睡在客廳，身軀被空酒瓶圍繞，手心握著溶化的巧克力。她懷疑，眼前這頭髮凌亂、身軀肥胖、指甲過長的男孩是自己的兒子嗎？這影像撞醒了她，從酗酒的噩夢驚醒。那天，她終於拉開緊閉幾年的窗簾，發現屋外，是春天。

我和幾個朋友幫忙照顧B，好讓他母親可以去學德文、打零工、參加戒酒課程。B語言能力落後同年小孩許多，個性害羞，懼怕人群。在學校的安排下，B來到了輔導機構，卡爾就是輔導老師。我每週固定陪B坐地鐵，去接受輔導。

剛開始，B根本不敢看我。他媽說他其實喜歡聽人說話，於是我就拿出我滔滔本領，路上看到新發芽的樹就聊暖化，踩到狗大便就說起我小時候家裡那條忠犬Yosi，B就是靜靜聽著。當時，媒體每天都報導一隻叫布魯諾（Bruno）的熊，是一隻從義大利進入德國的野熊，侵入農場殺了羊、吃了兔子，德國政府擔心下一個獵物就是人類，下令追捕。當時抓不抓的討論吵翻天，讓布魯諾成了當年最紅的熊。而B過胖的身軀以及手臂上新長出的毛髮，讓他在學校被戲稱為布魯諾。這新外號是小朋友的無心取笑，卻只是在他身上烙下更多自卑。

卡爾從學校老師得知外號一事，興奮地跟B說：「我小時候的外號也是熊！我記得還跑回家跟媽媽哭。但我媽只說，熊力氣這麼大，這是稱讚！」卡爾帶他去動物園看熊，那些熊站起來，在B的眼中就像幾層樓高一般，那樣的魁梧，在B的眼裡擦出了些許光芒。卡爾要B欣然接受這外號，畢竟熊可是柏林的象徵哪！身為這城市的象徵，偷偷驕傲可不算自大。

幾個月後，城裡動物園一隻小北極熊一出生就被母親拋棄，在人工飼養下，活了下來。牠被命名為克努特（Knut），在舉世注視下，從孱弱小熊茁壯成健康的動物園巨星。卡爾跟B排了一個早上的隊，才親眼見到克努特幾秒鐘。但這幾秒鐘在B心中發酵，原本有閱讀障礙的他，開始蒐集報上關於克努特的報導。一次我教他中文生字，發現他會寫「熊」這個字，床上多了隻北極熊玩偶。B害羞地說：「媽媽送我的……」

B身體快速抽長，原本塞滿垃圾食品的雙頰瘦了下來，開始喜歡足球。卡爾的長期

「夥伴熊」展覽，一百多隻熊代表不同國家，排排站立，每一隻都是各國藝術家的繽紛傑作。

輔導有了收穫，B雖然依然寡言怕生，但在學校已經有了朋友，高壯的身材嚇跑了欺負他的同儕。卡爾某天跟我說，B進步很多，經過評估，要讓他逐漸減少輔導時數，我也可以停止接送，讓B自己學著在城市裡獨立行動。

我最後一次送B去輔導，卡爾建議一起去中央車站看「夥伴熊」（Buddy Bear）展覽，一百多隻熊代表不同國家，排排站立，每一隻都是各國藝術家的繽紛傑作。B找不到臺灣熊，對著我用中文說：「有中國熊，但是我找不到臺灣熊。為什麼？」我傻笑著，不是因為問題太難，而是，那是B跟我說過的，第一句完整的話。

我本來想跟B說，我在他那個年紀時，也曾因為不善運動，而被同學譏笑為娘娘腔。我凝視眼前兩隻柏林熊，一隻是比我高二十公分的德國熊，另一隻是很快就會比我高的臺德熊，二熊之間有種隱形的連結，正所謂夥伴。我知道我什麼都不用說，B是隻比我堅強的熊，熊爪會抵禦嘲諷，熊牙會咀嚼傷害，熊胃會消化訕笑。

有熊作伴，成長這條路，不那麼孤單。

雪人

馬克是我剛到柏林的德文老師，某次上課他嚴重遲到，為了賠罪，課後請大家喝啤酒。他解釋遲到是因為兩個女兒的保母臨時辭職，所以一整個早上大混亂，發現自己真是個悲哀的單親爸爸。他問大家有無興趣課後當他女兒的保母，我的同學都是年輕的歐洲人，派對尋樂都來不及了，聽到小孩就是皺眉。我想說有打工的機會，就表明願意試試看。他當時問我，喜歡小孩嗎？我只答，我有十六個外甥男女跟侄子，很習慣跟小孩相處。

於是，我就開始了這短暫的保母工作。馬克的兩個女兒都是特別安靜的小女生，我只要接她們放學，在家裡陪她們便可。我記得幾乎每天都跟她們一起坐在落地窗前，曬溫暖冬陽，烤餅乾，等爸爸回家。一段時間後，兩個女生跟我熟稔，終於比較放鬆，唸德國童話給我聽，糾正我德文發音。偶爾，她們會

「皇宮廣場」上有「做雪人、抗暖化」的抗議活動，邀請親子一起來做雪人，提醒世人環保的重要。

談起媽媽，但會馬上停止，說爸爸不喜歡她們提到媽媽。

記得我們每天都在等雪。我說我來自一個溫暖島嶼，從小就幻想雪溶在嘴巴的滋味。她們也喜歡雪，跟我約好要教我做雪人。但那個冬天異常溫暖，我學了與「全球暖化」相關的德文詞彙，跟兩個小女生討論地球發燒了，看來我們的雪人約定很難成真。

聖誕節過後，馬克打電話過來，他找到了一個全職保母，很感謝這些日子我的協助。我當時忙著德文檢定跟寫長篇小說，沒想太多就結束了這份工作。

跨年後，我生命當中第一場雪，在某個午後降下。我跟許多初見到雪的熱帶孩子一樣，興奮地跑到屋外去張嘴迎接雪花。突然我想起了那個雪人之約，打電話跟兩個小女生道新年快樂。馬克一聽到是我就說：「你今天有空嗎？可以幫我帶一下小孩嗎？」

那天馬克有事出城，我跟兩個小女生坐在落地窗前，等陽臺的雪變厚，我們要做雪人迎接爸爸回家。可惜很快回暖，白雪消失。大女兒看著屋外說：「沒關係，反正我也怕雪人死掉。」我問：「死掉？」她答：「天氣好的時候，雪人就會在

我們面前慢慢死掉，胡蘿蔔鼻子掉下來，鈕釦眼珠掉下來。」

小女兒接著說：「媽媽死掉的時候，也是冬天。」

我沒追問，只是靜靜陪著她們。

上週，馬克邀我跟他們去做雪人，今年雪量豐，「皇宮廣場」（Schloss Platz）上有「做雪人、抗暖化」的抗議活動，邀請親子一起來做雪人，提醒世人環保的重要。我和兩個女生終於實現了我們的約定，一起做出了我第一個雪人，我用從臺灣帶來的辣椒，給雪人一個鮮紅的大微笑。零下十三度，我們手指凍僵，嘴唇乾裂，眼前的雪人，在低溫裡昂首。兩個小女生長高了，活潑多話，跟我在幾百個雪人之間穿梭奔跑。

臨走前，我們與雪人道別。抗議會結束，春天會來臨，每個雪人都會放掉身上的胡蘿蔔與鈕釦，慢慢溶化。我想起那個落地窗前安靜的冬天，我和兩個早熟的小雪人，一起把沉默放在彼此的嘴巴上，雪人不說不問，噓。

總有溶化的一天，總有放手的一天。

煙囪先生

來，跟煙囪先生爬上屋頂，吸點灰燼，踏踏屋瓦。在這上面，我們倚著溫暖的煙囪，聞著樹梢上新開的花，看著眷戀冬天的雪依依不捨地融化。我們擁抱、握手、親吻，這個從屋頂上出發的新年，一定是好年。

剛到柏林學德文時，總是莫名地喜愛一些單字，例如「時代精神」（Zeitgeist）、「掃煙囪的人」（Schornsteinfeger）、「蜻蜓」（Libelle）。有一次我在月臺上等車，看到一群小朋友圍著一個戴高帽、穿黑衣的人，許多小手興奮地在他身上遊走，黑衣人用燦爛笑容回應。後來我才知道原來那就是掃煙囪的人，許多人相信，摸摸他，會帶來一整年的好運。

所以當夏綠蒂打電話過來說：「我們的煙囪先生等一下就要來啦！」我馬上放下手邊工作，飛奔出門，我終於可以見到煙囪先生啦！

夏綠蒂的房子在柏林市郊，屋後有森林與小河，花園裡常有狐狸、刺蝟、兔子出沒，客廳裡有一個壁爐，柴薪旺燒一整個漫長冬天。而總是在春天，煙囪先生會來按門鈴，一身黑衣來清掃煙囪。

煙囪先生（陳思宏拍攝）

我們開門迎接煙囪先生時，他靦腆地脫下高帽向我們問好。他一身專業打扮，高帽子、黑衣黑褲，手拿工作梯、清掃大刷子，肩上一顆鐵球與繩索。我馬上表明來意，希望能在他工作時拍些照片，他微笑點頭說：「要不要一起上屋頂？」

那是我第一次爬上屋頂。屋子的天花板，有一個隱藏的樓梯，降下來之後，是個通往閣樓的祕密通道。我尾隨著他爬上樓梯，穿過黑暗的閣樓，打開一扇通往屋頂的窗。他俐落地站上煙囪，用繩索固定自己的身體，開始用刷子清掃煙囪。我的表情洩漏了懼高，他問：「小時候沒爬上過屋頂嗎？」我說，我在臺灣彰化老家的石棉瓦屋頂，在我小時候被韋恩颱風瞬間颳走，那個光禿禿的災後頂樓一直是童年惡夢。況且我不善攀爬，沒有牆與欄杆的高處，我的恐懼會胡亂滋生。

我一腳在閣樓裡，一腳在屋頂上，看著他清掃煙囪。我問，為何許多人相信，摸掃煙囪的人會帶來好運？他答，中世紀時，大部分的房子都是木造的，一旦爐火失去控制，就很容易招惹祝融。而掃煙囪的人負責把煙囪暢通，為每個家庭帶來安全，讓大家都可以安心地享受熾熱的壁爐，久了大家也就相信，掃煙囪的人會帶來一年的平安。而古時許多人沒錢回報，只好給食物麵包，所以掃煙囪的人都戴高帽，這樣才能裝食物。我說，這是我聽過最理性的迷信，沒有神祕難解的現象，而是暖暖人情的信賴與託付。

他說，人們碰觸他的方式很多，大部分的人一開門見到他就來個熱情的擁抱，甚至親吻他。他眼色飛揚，分明對自己的專業充滿熱情。也許是因為我的父親是勞動階層，所以我一直對勞工有特別的親近感，他們的掌紋、指甲縫住了汙垢，但那一點都不髒，而是真實生活辛苦的證據，充滿尊嚴的生命重量。

突然，我發現我雙腳都在屋瓦上，我整個人，穩穩地站在屋頂上，恐懼消失。夏綠蒂加入我們，我們與煙囪先生握手擁抱，他手上的灰燼，在我手心裡靜靜燒著。屋頂上，春天已到，一切都有新的契機。手心的溫暖帶領著我，往前出發。

（陳思宏拍攝）

敲門，開門

敲門

德國朋友海可的奶奶去世了，遺囑裡指定把公寓留給她。公寓在百年建築裡，受德國古蹟法保護，住戶不能更動架構與格局。海可上小學時，父母鬧離婚，爭吵聲化成銳利的指甲，在她身上留下隱形的血痕。好不容易暑假來了，她被送去跟奶奶住，父母對峙的噩夢才暫時結束。

奶奶的公寓很老舊，腳與地板總是摩擦出許多怪異的聲響，但是奶奶的溫柔與照顧，讓海可終於可以在夜裡入眠。那個夏天，奶奶教她唱歌、讀詩、下廚，每晚在睡前說著自己經歷戰亂的故事。夏天結束，海可必須回到那個瀕臨破碎的家，心中卻充滿了面對的勇氣。奶奶說：「我隨時在這裡，敲敲門就好。」

海可退掉了原本的住處，搬進奶奶的舊公寓。奶奶不在了，但是地板發出的聲響還在。

有天，兩位老婦來敲門，用生疏的德文問：「請問我們可以進門看看您的房子嗎？」原來，在納粹開始迫害猶太人時，她們曾在這棟房子的頂樓躲過一段時間，後來輾轉逃亡，戰後到以色列落地生根。進門的時候，她們神情激動，忍著不哭。

猶太博物館

一九九九年，我第一次造訪柏林。當年，由李柏斯金（Daniel Libeskind）設計的猶太博物館剛剛落成，首度開放參觀。這棟成閃電狀的特殊建築物，外觀冰冷前衛，不規則的窗戶外露，就像是有人拿了一把刀在這棟建築物上暴力地留下許多傷痕。我記得第一次走進這個冰冷空間的震撼，整個建築物壓迫視覺，四面牆一直擠壓過來。

我其實很怕「解說」，所以參觀時會先用自己的想像，與建築物產生連結。參觀柏林猶太博物館，這種感覺更深刻。觀者其實不用太仔細去閱讀那些生澀的解說，只要敞開心胸，去觸摸去感受，就會發現建築師用了整棟龐大的建築物去隱喻猶太人在德國的苦難史。整棟建築物充滿斷裂、曲折的意象，把手放在冰冷的牆上，靜下來，然後你一定可以聽見，那些撕裂的哭喊、苦難的離散。

博物館裡，有個叫做「落葉」的裝置藝術，以色列藝術家卡迪希曼用鋼鐵鑄出一萬個哭臉，灑在地上，請參觀者踩上去，協助完成這個作品。

劉雪珍老師

劉雪珍是我大學老師，她雖患有小兒痲痺，但是整個人精神抖擻，上課時神采飛揚，學生很容易就忘記她肢體的不便。她在幾年前來柏林拜訪我，用拐杖跟著我到處遊走，一個德國朋友看著她的背影說：「支撐她的，不是拐杖，是意志。」

我帶劉老師拜訪猶太博物館，她安靜、耐心地體會每個建築細節。博物館裡頭有個名叫「大屠殺塔」的角落，一扇重重的門在背後關上，訪客就被關在一個冰冷壓迫的空間裡，塔的頂端，有一道細縫，讓光灑進來。我們一起站在塔裡，許久無言。有人受不了這種幽閉，奪門而出。當年，那些被屠殺的猶太人，沒有任何逃生門。

博物館裡，有個叫做「落葉」的裝置藝術，以色列藝術家卡迪希曼（Menashe Kadishman）用鋼鐵鑄出一萬個哭臉，灑在地上，請參觀者踩上去，協助完成這個作品。劉老師拄著拐杖走上去，每一張哭臉在腳步裡互相推擠，在空蕩的空間裡發出鏗鏘的回音。那種鏗鏘，是被踐踏的人性哭喊。

老師說著，她以前在臺北搭公車，上車慢了點，司機催促她：「快一點！」她微笑指著拐杖說：「下輩子吧。」

柏林猶太博物館外觀。這棟成閃電狀的特殊建築物，外觀冰冷前衛，不規則的窗戶外露，就像是有人拿了一把刀在這棟建築物上暴力地留下許多傷痕。

開門

劉老師回到臺灣，重新投入忙碌的教學，繼續用拐杖打掉許多關上的門，即使應門的是歧視冷漠，她微笑以對。

兩位老婦回到以色列，不久就去世了。海可總記得，那天突然有微弱的敲門聲。她開門，歷史就站在門外。

博物館裡頭有個名叫「大屠殺塔」的角落，一扇重重的門在背後關上，訪客就被關在一個冰冷壓迫的空間裡，塔的頂端，有一道細縫，讓光灑進來。我們一起站在塔裡，許久無言。有人受不了這種幽閉，奪門而出。當年，那些被屠殺的猶太人，沒有任何逃生門。

狗運

週末至朋友家參加春宴，慶祝苦長的冬天終於過去。朋友家位於柏林市郊，山川湖泊為鄰，花園裡的日本櫻花招搖綻放，從非洲一路飛來的送子鳥就在後院築巢。在門口迎接客人的，是傑森。

傑森是一隻深棕色的狗，一見到我走近，「汪」一聲通知主人，有客人來囉！我怕傑森像上次見到我那樣拔腿就跑，刻意彎身蹲下，張開雙手輕聲喚著：「傑森，記得我嗎？」想不到牠幾秒鐘就放下眼中的遲疑，頭迎上我等待的手心，我們像是許久未見的老友擁抱，用彼此身體的溫度打招呼：「嘿，你好嗎？」

朋友在動物收容所遇見傑森時，牠還是隻幼犬，在牆角瑟縮顫抖，不敢抬頭看人。動物收容所表示傑森的前主人是個酒鬼，打老婆小孩不夠，連小狗也不放過。那個家庭破碎後，傑森被安排到收容所，等待有緣人領養。朋友伸出手要摸傑森的頭，但牠就是躲。牠見過人類的手揮舞暴力，在牠身上烙下創傷，所以牠不信那些手心手背十指。朋友一家很快決定領養牠，但馬上發現競爭者不少，傑森雖然「賣相」不太好，但許多愛狗人家都很歡迎牠。動物收容所實地拜訪這些人家，依據每家的狀況、面積，最後由朋友「得標」，致勝關鍵就是那個可以讓狗快樂奔跑的大花園。

我去年第一次見到傑森，牠已經長成中型犬，毛色棕亮，但是看到客人馬上躲到花園的狗屋裡。朋友說，牠剛來的第一個月，每天都在客廳牆角發抖，不太敢吃東西。朋友一家輪流用一整晚的時間慢慢撫摸牠的頭，手心得到的唯一回應依然是懼怕。後來我幾次拜訪朋友，發現新家庭逐漸拭去傑森的創傷，我們在花園裡打羽毛球，牠會在一旁觀看，把飛出花園的球叼回之後馬上跑開，牠怕我們手上的球拍。但這次，牠終於信任我的手心。

我們在花園裡烤肉聊天，傑森用友善的眼神看著我。我想起小時候家裡的狗 Yosi，牠本來是隻附近的流浪狗，父親看了喜歡，就固定餵食，但沒讓牠進家門。後來我們搬了家，大夥忙著適應新環境時，那隻總是在家門等我們的流浪狗，竟然出現在新家門口，父親馬上決定收養，取名 Yosi。我常想像牠某天去田野裡散步，傍晚回到那戶熟悉的人家，竟然只剩人去樓空。於是牠一路嗅著尋著，遭遇過更多人類的惡意

狗狗 Jason

對待，不小心踏入其他流浪狗的地盤，直到終於找到那戶小孩成群的陳家。

很多人問我，德國有什麼值得臺灣學習的？我常說，愛狗的精神。德國人鮮有恣意棄養寵物的狀況，街上沒有流浪貓狗。高速公路的休息站、服飾店、餐廳，常可以見到特別為狗準備的食物、乾淨的水。主人只要多付車票錢，可以和狗一起搭捷運。有一次我從臺灣搭機回德國，同班機有德國的動物協會來臺灣救了十一隻流浪狗，帶到德國去給好心人家收養。那些德國人只擔心，這些狗會聽不懂德文。

這是尊重生命。真正養過狗的人都知道，狗的一生就在主人手上，街上那些被棄養的生命，毫無抵擋人類殘酷的能力。狗運好的，遇到溫柔手心；狗運差的，撞上暴力對待。

Yosi 過世那年，我國小三年級，牠就躺在走廊的磨石地板上喘氣。我看著牠肚子上的呼吸海浪慢慢平息，偷偷哭著。那是學習面對離去，接受死亡。抱過傑森的人也一定可以體會，總是可以放下創傷，重新信任。

我們教狗坐下、握手，牠們教我們的事，太多，太多了。

收養雷聲

德國朋友菲利普與克勞斯養了很多年的老狗過世了，老狗以前愛躺的沙發、地毯、床舖，都出現了狗狗形狀的洞，像等著被填滿的缺憾。最讓他們覺得難以入睡的是突來的徹底安靜，少了狗吠，家裡的沉默太巨大了，「吵」到他們無法入睡。他們決定，去柏林動物之家（Tierheim Berlin）領養一隻狗，讓明明對狗毛過敏的菲利普，可以再度在身體設定好的早晨過敏噴嚏鬧鐘當中準時起床。他說，老狗走後，他上班幾乎每天遲到。

他們親自拜訪了柏林動物之家，才發現領養其實不簡單。首先，寵物專家進行深入訪談，了解他們想領養的動物種類、體型，然後還要評估領養者的家庭狀況，確認家中大小、氣氛、經濟能力是否能給予動物安穩的生活。評估出爐後，他們確認要一隻短毛中型犬，毛色品種都不重要，他們尋找的是一雙和善的雙眼。動物之家網站上詳列所有動物的檔案照片、年紀、性情、特色，他們先在電腦上瀏覽過狗狗的檔案，然

後透過電子郵件轉發給朋友，廣徵意見。後來他們選到了一支米色的雜種狗比爾，實際碰面時，害羞的比爾低頭不敢看人，雖然怕生，但那雙眼閃著和善的光芒，輕微晃動的尾巴也洩漏了牠喜歡人類的憨傻。

正式去把比爾接回家過夜那天，我們一群朋友都跟著去動物之家迎接牠。菲利普和克勞斯怕這麼大的陣仗會嚇到害羞的比爾，嚴格規定我們只能遠遠揮手，保持十公尺的安全距離。

這是我第一次造訪柏林動物之家，心裡微微忐忑，畢竟這是寵物的孤兒院啊。動物各自帶著不同的身世來到這裡，無論是走失、被遺棄、生病、飼主離婚或遷徙，這些貓狗蛇兔鼠來到這個暫時的收容所，等著被陌生人類的溫暖雙手抱起，如此依賴人類恩惠的命運，似乎脫不了悲情。

但這個歐洲最大的動物之家卻顛覆我天真的想像，這裡可一點都不悲情。此地佔地廣大，灰色的流線建築很像是現代美術館，頗有柏林風情，色調冰冷，柔和的線條卻蘊藏溫暖。自從二〇〇一年開幕以來，已經有超過兩百萬人次的訪客。這裡所有的動物都被分類照顧，每一隻動物都依照自己的體型，享用足夠的

生活空間，狗狗可奔跑，貓咪能跳躍，蜥蜴有樹可爬，完全不見禁錮動物的籠子。所有的動物都在專業人士的照顧下，健康地活著。這裡環境乾淨，有一套專業的收容、仲介領養的程序，以動物健康為最高原則。

菲利普和克勞斯把比爾帶到動物之家的草地上，遠遠地跟我們招手。比爾是一隻健康的中型犬，毛色在陽光下發亮，牠依偎在克勞斯腳邊，警戒地環顧四方。我們這一群朋友深怕嚇到比爾，完全把驚喜壓在喉嚨深處，手上的相機全都收進口袋。為了讓領養者跟狗之間慢慢建立關係，領養者必須多次造訪動物之家，帶狗到附近散步，讓兩方都逐漸適應彼此，評估之後，領養的程序才能繼續。菲利普和克勞斯已經來過很多次，這是比爾第一次離開動物之家跟他們回家過夜，算是跨出領養的一大步。

我想到彰化大姊家的小白。小白原本是大姊家附近的流浪狗，喜歡親近人類，但總是被人類無情對待。有天，鄰居找來抓狗大隊，把小白給抓走了。牠面對抓狗大隊的網子，認命地不掙扎不呼救。大姊看了心一揪，馬上叫外甥去把小白領回來。外甥說，小白當時被關在一個過小的籠子裡，眼神空洞，安靜不出聲，不像其他的狗一樣哀號。籠子一打開，小白跳上外甥的機車，眼神終於有了光澤。

柏林動物之家

終於，有個家了。

比爾跳上了菲利普跟克勞斯的車，那條陪牠在動物之家睡覺的毯子，就鋪在後座。比爾是在雪地裡被路人發現的，被送到動物之家時，奄奄一息，沒人知道牠為何流落街頭，主人也從沒來認領。

雨開始飄落，我們開心地揮手，看著他們的車慢慢駛離。我的手機突然響起，是菲利普。

「比爾叫了，牠叫了一聲！因為下雨，我們開啟雨刷，結果比爾突然叫了一聲。我還以為是打雷，結果竟然是比爾。牠之前都不出聲的，牠終於肯跟我們講話了！哈～哈啾！」

那天，我聽到了一則柏林城市童話：很久很久以前，有個過敏噴嚏收養了洪亮雷聲。在回家的路上，雷聲隆隆，噴嚏大作。噴嚏眼中有淚，緊緊抱著雷聲說：「終於，我找到我的鬧鐘了。」

身後的畢業鐘聲

潔西卡要畢業了。她打電話邀我去觀禮：「你沒看過德國高中的畢業典禮吧？來看我敲鐘！」

潔西卡是朋友同父異母的妹妹，透過她，我才真正對德國的學制有了基本認識。德國的小學基礎教育只有四年，在四年級時，學校與家長經過評估，依據程度與性向，讓學童進入一般中學（Gymnasium）、主幹學校（Hauptschule）、或者實科學校（Realschule）。一般中學是九年制的中學教育，畢業後可進入大學高等教育；主幹學校著重職業教育；實科學校則是介於前兩者之間。

潔西卡小時就展現語言與數學天分，所以學校與家長都一致同意，讓她進入一般中學就讀。其實聽到國小四年級就要分組，我非常地驚訝，太早了吧？我十歲的時候，哪知道我未來適不適合在大學裡讀哲學，或當技工呢？潔西卡說，這三個中學體系其實是有流動性的，學生若稍後展現比較適合其他組別的性向，絕對可以轉換跑道。但是，這其中包含了家長的期望與學生個人發展快慢的複雜因素，她一個好友明明就是適合走職業路線，但父母堅持讀大學才是人生唯一方向，結果害她在講究書本研讀的一般中學裡痛苦沉浮，幾

潔西卡敲鐘

年後幾乎完全放棄學業。

認識潔西卡時，她才十七歲，剛從紐西蘭當交換學生一年歸來，神采飛揚地用英文講述紐西蘭的冒險體驗。她有著許多歐洲人的多語特質，法文、英文、西班牙文輕鬆切換，讓我印象深刻。她問我，十七歲的我，是什麼模樣？我說，我當年就是個被臺灣聯考拉扯的高中生，因為數學每學期都被當而沒自信，但是文科成績突出，讓我覺得似乎還有進大學的渺茫希望。我迷惘徬徨，數學課本上都是噁心哀嚎的詩句。潔西卡當然也有許多少女的憂慮，擔心自己太胖，暗戀某個踢足球的男生。但也許因為有獨自到異國當交換學生的經驗，她早熟易感，具有讓人吃驚的國際觀。

畢業典禮上，每個人都盛裝出席，男生穿西裝打領帶，女生穿上高跟鞋與禮服。終於，經過九年的教育，大家都順利通過了高中畢業考（Abitur），即將離家去上大學了。潔西卡的畢業考成績驚人，以全校第二名上臺接受證書。這個畢業考成績不是一次考試的單一計算，而是以幾年的學科表現來做比例總結，所以這天真是高中馬拉松的終點。潔西卡興奮地跟同學們合照，跟臺下觀禮的家人揮手。我上前要拍照，剛好聽到一個同學問她：「妳爸旁邊那個女人是誰？妳爸怎麼沒跟妳媽坐在一起？」

潔西卡沉穩地微笑回答：「那個是我爸的現任女朋友，我媽今天不想跟我爸坐在一起。還有，那個是我爸的前妻，那是我的同父異母的姊姊和她的女朋友，那兩個老先生都是我爸前妻的男朋友。很複雜吧！但我覺得真棒。」

都來了，複雜家庭樹狀圖上的每個成員都來了，成人世界的錯綜都放下，大家今天和平相處，來見證一個少女邁向女人的重要時刻。我上前給她一個擁抱，她能這麼自信地面對同學的質問，讓我吃驚。也許在複雜一點的家庭裡，才能茁壯成免疫力高的成人，站在世界面前，挺胸昂首。

這個學校有個傳統，學生進校的第一天跟離校的最後一天，都要用力敲校門口的鐘。九年前，這一群畢業生還是小朋友，他們在學校前面排隊，緊張地等著敲鐘。此刻，潔西卡踢掉高跟鞋，用力拉繩敲鐘，笑聲與鐘聲一起為她的青春打拍子。她的成績，足以讓她進入任何理想大學科系。但她用存了一年的打工薪水買了機票，八月要飛去澳洲打工十個月。「明年我會回來上大學，但那之前，我要學著更獨立。」

她放開繩索，把鐘聲拋在後頭，往前走，沒有回頭。

潔西卡畢業典禮大合照

孔雀島

島來，島去。開屏絢爛，閉合蕭瑟。從福爾摩沙到孔雀島，從春天到秋天，我們躺在楓葉裡，學習著放手。

臺灣友人C來柏林，只為了把堆在我客房床下的雜物搬回臺灣。今年春天，她跟吵了很久的德國男友終於決裂，半夜拖著行李來按我家門鈴，整夜用嚎啕把客房哭成游泳池，隔天一大早馬上買了機票，迅速飛回臺灣，在我家留下一堆雜物。深秋，她沒預告就又突然出現在樓下的對講機：「是我，我來搬東西囉。」

她這次來柏林只打算停留幾天，主要是處理一些瑣事，終結銀行帳戶，解除手機合約，剩下時間都待在我家，靜靜地吃我煎焦的荷包蛋，在暖氣故障的浴室裡洗冷水澡。剛好週末，我和朋友決定把她拉到戶外去，城市繁華不適合療傷，大自然的開闊包容，一定會收留她的傷心。我逼她穿上大外套：「我們帶妳去孔雀島，秋天健行，保證妳看到美麗的楓葉，該忘的都忘了。」我在背包裡放了正在讀的日本小說、蘋果、乾糧、熱茶，硬拖著她前往孔雀島。

孔雀島（Pfaueninsel）位於柏林西南邊哈佛爾河（Havel）上，是個生態保護島，也

秋天的孔雀島。開屏絢爛，閉合蕭瑟。從福爾摩沙到孔雀島，從春天到秋天，我們躺在楓葉裡，學習著放手。

是聯合國教科文組織認定的世界文化遺產。十八世紀末，普魯士王腓特烈・威廉二世（Friedrich Wilhelm II）為情婦在這裡建造了白色城堡，計畫讓此地成為不受打擾的浪漫島嶼。此後普魯士王朝在這裡完成了許多仿廢墟的建築，島嶼橡樹參天，幽靜雅緻，至今都是柏林市民踏青、約會的首選。這島名符其實，真有不少孔雀。夏天來訪時，牠們的鳴叫響徹全島，近似悲鳴，尖銳刺耳。我喜歡和朋友在草地上野餐，看著那些不怕人的孔雀，在驕陽下開屏招搖。

訪客必須搭乘一分鐘的渡輪，才能到達孔雀島。我們在這岸看著孔雀島，秋天在每棵樹上灑金粉，樹葉橙黃，整座島嶼宛如被丟進油鍋炸過，金黃酥脆。我見秋色心喜，不管C腳上的高跟鞋，執意要沿著水岸健行環島，預計兩個半小時。她不認輸地說：「不要小看我，我穿這雙，可以攻玉山。」我們踏過滿地黃葉，邊走邊拍照，一路鳥鳴陪伴，河上的水鴨正在跟帆船競速。一個多小時後，我們坐下喝熱茶，吃乾糧補元氣。她啃著蘋果，臉上的僵硬放鬆了不少，金黃燦燦的大自然在她眼中映照出了某種光芒。

然後，他出現了。

我們當時正起身準備上路，我看見C突然冰雕靜止，我順著她的視線，看到了那位德國人。那個在春天時，被C發現同時擁有許多愛情插曲的德國人。

他的懷裡，有位滿臉微笑的女子。這個重逢的場景沒排練過，竟然就在一條狹窄的島

嶼道路上發生了。我見證了那眼神交會的數秒，驚訝、確認、逃避、再看，眼神盡是話語：是你？是妳？妳不是在臺灣？你有新的戀人了？錯亂的情緒逼兩人快速反應，羊腸小道上兩人擦肩，彼此都決定不打招呼，用忽略為這次意外重逢打上句點。

C飛快往前走，我們從後面趕上。她的高跟鞋在路上敲出憤怒，她說：「怎麼那麼倒楣？怎麼可能這麼巧？」我攔下她，抱著她，逼她停下。她看到滿地的黃葉，突然整個人躺下。我跟著躺在她身邊，聽她不斷說著：「我好累，好累，好想就在這裡睡一覺。」秋葉潮溼柔軟，承接著她的疲憊。

我跟她說，我剛剛邊喝熱茶邊讀的小說是宮本輝的《錦繡》，書中久違的戀人，也是在滿山楓紅裡重逢。文學映照、甚至預言人生，措手不及，只好面對了。她從臺灣來到柏林，想不到在小島上被迫如此與舊戀人重逢。島嶼其實是重逢最殘酷的場景，誰都逃不了，繞一圈還是遇上了。

我們一直等到末班渡輪才離開孔雀島，她躲在樹後面，確定沒看到前男友，才安心上船。

船駛離島嶼時，一群孔雀就在岸上，彷彿為我們送別。

那天孔雀一直沒開屏，沒鳴叫。絢爛過的，閉合收納，靜靜地，道別。

十點後，馬燦見

我的同學R是巴勒斯坦政治難民，一家大小在柏林，靠他在餐廳裡打工的微薄薪水維持家計。他老婆完全不會說德文，為了讓日子不過分寒酸，近來也開始做黑工，幫許多人家打掃。不少柏林人家裡都請有非法打掃人，雇主避過最低工資規定，雇員則可以躲稅。為了讓自己更有競爭性，R的老婆把一小時工資降到五歐元，只希望自己的勞力，可以替家裡添購生活用品。

上周他邀我晚餐，我想了不少藉口想拒絕。我對他的穆斯林背景了解太少，每次聽他大罵以色列，我都覺得宗教、國土、歷史包袱太沉重，我實在無法加入咒罵行列，也不知道

這一區市容單調，絕大部分都是前東德興建的「組合屋」，住屋造型方正硬梆梆，顏色呈現趨近塑膠的光澤，很不符合當下的美學概念。

怎樣的應對才不會冒犯他。有次他德文作業真的寫不出來，我主動協助，他就把我當好友，送我他老婆親手做的小點心。那我叫不出名字的小點心烤得金黃酥脆，在我口中炸開美味，真是非常精緻的甜點。後來我把一位正在找打掃幫手的德國朋友引介給他，結果他老婆果真手腳俐落，德國朋友家從此明亮潔淨，雙方都滿意。他於是決定設宴款待，說要感謝我。他見我試圖推掉晚餐邀約，用大男人的命令口氣說：「我耳朵不好，被敵人炸傷過，我聽不見『不』這個字。」我出發前戒慎惶恐，不知該帶什麼禮物登門拜訪，最後選了最不會出錯的鮮花。還有，明明是晚餐邀約，卻約了下午三點，真是奇異的飲食時刻。加上R住在東柏林惡名昭彰的馬燦（Marzahn），那裡據說新納粹聚集、極右派勢力大、治安差、失業率嚇人。

我剛來柏林的時候，就收到不少警告：馬

燦有新納粹，不要單獨前往。但我的好奇心總是推開警告的路障，跳上地鐵就到了馬燦。這一區市容單調，絕大部分都是前東德興建的「組合屋」（Plattenbau），住屋造型方正硬梆梆，顏色呈現趨近塑膠的光澤，很不符合當下的美學概念。其實這種用先做好的面板在建地上組裝成大型住宅區的組合屋技巧，並非前東德專有，但是前東德為了解決城市人口住屋問題，大量興建這種成本低廉的組合屋，如今走在馬燦的任何街角，到處都是組合屋住宅區，是典型的東柏林城市風景。這些住宅區的房租低廉，因此許多收入不高的柏林人都選擇定居在此。新納粹仇視外國人，認為外國人來蠶食他們自己的就業市場，導致本國人失業。這樣的極右派思辨，在馬燦很容易找到生存空間。柏林大選期間，這一區最容易看到極右派的政黨到處張貼競選廣告，廣告上一個禁止清真寺的標誌，專門針對柏林的穆斯林族群。我身為一個居住在柏林的外國人，看到這種極右派的競選訴求，極不舒服。今天他們針對穆斯林，很可能明天的標靶就會是我，反正他們要驅逐外來者，排外根本沒什麼邏輯可依循。

其實馬燦曾經發生種族淨化，殘酷的史實，依然沒讓

極右派政黨在馬燦的競選廣告

這些極右派人士學會尊重。一九三六年希特勒在柏林舉辦奧運，為了讓世界各地前來的訪客看到一個「乾淨的柏林」，納粹把當時柏林裡的兩個弱勢羅馬尼亞吉普賽族群「羅馬」（Roma）與「辛堤」（Sinti）通通抓起來，關到馬燦的指定地，集中管理，不准離開。這種淨化，讓一九三六年的柏林夏季奧運，以一個純白人血統的高傲姿態，歡迎全世界來慶祝四海一家，極為諷刺。一九四三年，這些被關在馬燦的吉普賽人，被送到波蘭奧許維茲（Auschwitz）集中營，那裡，死亡等著他們。

我去拜訪了馬燦的公墓，裡頭有紀念這些被納粹屠殺的吉普賽人紀念碑。紀念碑矗立在公墓森林裡，安靜孤寂，鮮有訪客。看到馬燦到處張貼的極右派競選廣告，對比這個人煙稀少的紀念碑，我心裡憤怒，突然想要去動手拆掉那些競選廣告。柏林這麼可愛，就是因為各個族群共存，無論宗教、種族、性向、性別，都可以在這裡找到安身之地。但總是有人信奉排外，不讀或者誤讀歷史。

我搭乘地鐵前往馬燦，赴R的晚餐約，一路上我的確感受到很不同的氣氛，建築物外觀、行走的人群，都不是我熟

穩的柏林。其實我無畏懼，反正大白天，不需在心中勾勒新納粹鬼魅。我依照地址找到R家，是一棟典型的組合屋。我按了電鈴上樓，很快地被R一家的熱情感染，全身放鬆。一桌豐盛配上R家的熱情，我們談加薩、戰爭、離散，他對兩岸關係特別有興趣，我也反問以阿對立。我們發現，所謂疆界、對立、威脅、仇恨、戰爭，其實都說不清，無法交代，沒有任何一個立場是可以完全站得著腳。炸彈引爆時，其實兩者皆傷。

R說馬燦房租真便宜，這一棟大樓裡有不少越南人跟非洲人，大家都是來省房租的。但晚上八點以後，R家宵禁開始，誰都不准出門，全家一起看衛星電視，遺忘馬燦，遺忘柏林。因為宵禁，於是跟我約三點，讓我在天黑前回到我熟悉的柏林。

六點多，R擔心我在街上被新納粹盯上，趕緊送客。R的小女兒叫父親留步，說要送我到樓下去。我們走下樓梯時，她跟我說，雖然家裡有宵禁，但她都會趁爸媽熟睡之後，溜到樓下跟隔壁的德國男孩約會。爸媽早睡，九點多就可以聽到爸爸的鼾聲。小女孩說到德國男孩，一臉害羞。她說，他們會去公園裡盪鞦韆，偷喝啤酒，彼此的爸媽都不知道，我也答應絕對不說出去。她說，她從沒看過什麼新納粹啊，每次爸媽都用這個來嚇唬他們。

我大步走在馬燦街上，腳步輕盈，彷彿剛剛看了一部純愛電影。人們說馬燦有極右派，有恨。但我今晚要說，除了組合屋、極右派，馬燦每晚十點之後，還有偷渡的愛情。

我回頭看馬燦，組合屋在夕陽下閃耀著金色光芒。每晚十點後，柏林的這個角落，因愛燦爛。

我去拜訪了馬燦的公墓，裡頭有紀念這些被納粹屠殺的吉普賽人紀念碑。紀念碑矗立在公墓森林裡，安靜孤寂，鮮有訪客。

呻吟與曖昧

任職於臺大外文系的高維泓老師，是我大一到大二的室友。他寫了電子郵件，說也許有辦法取得我們大一戲劇比賽的錄影帶，看看當時我們在舞臺上的青澀尷尬，影像作證我們曾經那麼青春。當時我們大一，班上分組各自排練一齣戲，上臺公演競賽，所有臺詞都是英文。我們這組演了《四隻拜日的狒狒》（*Four Baboons Adoring the Sun*），我演一個在西西里島考察的考古學家，高維泓演我的兒子，英文臺詞拔牙割舌，我們在臺上僵硬數著劇場分秒。但我記得某個神奇時刻，燈暗，演員們手拿手電筒在舞臺上呼喚名字，高維泓表情跟我一樣生硬，好友臺美光演女神雕像，澳門僑生陳美丹、阿根廷僑生蕭雅菁演我小孩，我偷偷看觀眾，他們的眼睛裡，有閃爍的光芒。他們，喜歡我們的演出。

那一刻，我想成為演員。

我搬來德國後，透過作家李昂老師認識了德國導演莫妮卡・楚特（Monika Treut）。楚特熱愛臺灣，一直想拍一部以臺灣為背景的劇情片，劇本寫了多年。某年柏林影展，新聞局舉辦臺灣之夜，我是晚會的主持人，喉嚨裡裝個大聲公，對著滿場尖叫：「歡迎蘇慧倫！」派對上，楚特跑來跟我說：「我的電影，有個角色很適合你。」我當晚因為見到偶像蘇慧倫情緒高漲，什麼都沒想就吼：「好，我要演！」

在輔大的四年，我演了七齣舞臺劇，在語言教育劇場的範疇內，我玩得很盡興。畢業後我考上了戲劇研究所，繼續演，決定一生與劇場糾纏。臺大戲劇系成立後的第一齣學期製作，我上臺演了王爾德的《不可兒戲》，那一刻，我才發現，其實我不太行。我說詞乾燥缺乏情感，肢體不靈活，觀眾看穿我的侷限。那晚，果真成為我在劇場的最後一次演出。我開始寫作，一路寫著，在文字裡迷路找路，跟劇場唯一的關聯僅剩我在《表演藝術》雜誌寫稿。

楚特完全信任我，沒有任何試鏡，就把角色給了我。電影《曖昧》在漢堡開拍，我和女主角柯奐如的戲是開拍的第一場戲，我們兩個都緊張，我是第一次拍電影，她是第一次在國外拍戲。電影拍完後，順利入圍了柏林影展。在柏林影展首映那晚，導演楚特把所有工作人員跟演員叫上臺，大家在臺上確定沒有噓聲，耳裡掌聲是真的。穿了西裝的我也在臺上，站在演員與工作人員之間，閃光燈扎進眼裡，笑容卡在發痠的兩頰。那時刻對我來說其實是尷尬的，我不確定我該不該站在臺上。我根本不是明星，但掌聲、觀眾提問、閃光燈，讓我有幾秒短暫的明星錯覺。其實我只是個小配角，但是竟然有人拿票根來找我簽名，於是我請對方先去找女主角簽名。學戲劇的我，很多年沒演戲了，看到自己的臉出現在大布幕上，想離開座位的衝動在座位上燒著。我覺得我真是不上相，肢體硬梆梆，眼睛沒戲，臉上囂張的痣跟斑比我還搶戲。那晚的閃光燈讓我眼睛昏花，也在身上留下痕跡。首映散場後，大家趕去電影發行商派對，我整晚不斷地跟陌生人說話，有人把手伸進我的襯衫裡。回家後我躺在床上，身體熱著，感覺自己的身體跟在影展裡的那些各國明星一樣，在黑暗房間裡發著曖昧螢螢光芒。隔天醒來後，我發現我果然不是明星，因為這一輩子一次的影劇時刻，在冬日晨光裡，跟曖昧光芒一起急速褪去，沒有一點閃耀的殘留。

但這次的短暫影劇時刻，讓我稍微燃起演戲的欲望。我去參加了試鏡，得到了短片《宮保雞丁》的角色，演一個剛來德國中餐館工作的華人小廚師。電影入圍了德國「歐柏豪森短片電影節」（Internationale Kurzfilmtage Oberhausen）競賽片，並且在德國 3sat 電視臺上播放，也參加了很多小型的世界影展。有次在健身房的蒸汽室裡，竟然有個德國人撥開蒸汽雲霧對我說：「我看過你演的電影，你是那個廚師。」

我繼續去參加試鏡，亞洲演員在德國原本就沒什麼機會，我都是抱著姑且一試的心態去，反正角色不是賣私菸的越南人就是要耍功夫的怪角色，我沒有越南人的輪廓，打拳招式連空氣都嫌沒力道，所以就把試鏡當增廣見聞。其實試鏡非常殘忍，導演把鏡頭對著演員，試圖找出適合角色的特質，演員必須剖開自己，尋求演出機會。

一次我在柏林參加試鏡，兩個瑞士藝術家為裝置藝術找演員，因此我終於有機會進入這傳說中藏在柏林各角落的工作室，顫巍巍老公寓，黴菌與塗鴉蔓延樓梯間，地板隨著腳步呻吟，但有巨大的空間可堆疊創作。藝術家把一塊粘土放在我的臉上，請我在鏡頭前演脾氣古怪的亞洲藝術家，我即興發揮，粘土遮蔽視線，我當時演了什麼，此

《曖昧》在柏林影展首映。右起：導演楚特、胡婷婷、柯奐如、陳思宏、柏林影展觀眾對談主持人。

刻一點都不記得。但我記得藝術家跟我說，那天有超過三百個亞洲演員要來試鏡。

試鏡回家當晚，我就病倒了，我武斷怪罪不斷在我面前打噴嚏咳嗽的藝術家。這一病超乎想像，全身發燒疼痛。一夜折騰，照顧我的朋友說，從沒聽過我這樣痛苦呻吟。那是我在柏林第一次生病，我發現，我一夜想著父親在病床上被癌細胞侵襲的痛苦呻吟，那樣的劇烈聲調是我當時無法理解的。其實我不了解父親，那呻吟加深了我的恐懼，拉大我們的距離。這一病，我卻發現自己在疼痛時也必須發出哀號，透過這樣的聲帶震動，與痛楚漸漸剝離。

父親在醫院裡兩天就走了。我的感冒兩天後就好多了。藝術家沒把角色給我。那迴盪在公寓裡的呻吟，還在耳裡迴盪。那呻吟讓我想著，父親生前，對我有什麼期許嗎？他很早就看穿我不是做生意的料，我熱愛文學電影，一定是他無法理解的。他去世後，我去讀了戲劇。其實，讀戲劇在家族當中似乎不太光彩，有個舅公登門拜訪，對我母親說：「那讀歌仔戲的，不要給他去讀。」另外一個我根本也不認識的遠親，誤以為我讀的是「細菌」，開心地說：「啊生化科技很有前途喔，賺大錢喔。」

這次病癒後，我決定再也不要投履歷參加試鏡了。寫作已經是四處碰壁的險路了，我還去尋找更多被拒絕的機會幹嘛？反正多年前我就體會到，我其實不太行。但前一陣子，我的電子信箱裡出現柏林某選角公司的電子郵件，我一年多前丟出的履歷，突然有了回音。這次是德國知名導演漢納斯・史托爾（Hannes Stöhr）的新片，他要拍一個中國人買下德國傳統產業的故事。我一直很愛史托爾的電影，尤其是 *Berlin Calling* 這部電影，把一個柏林電音DJ與毒品拔河的故事，拍得熱血翻騰，有一陣子我甚至把電影主題曲設定為起床鬧鐘音樂。每次有人問我，想要認識柏林該看哪些電影，我一定都會介紹這部電影。

去試鏡前，我把電影劇本初稿讀了幾次，導演事先已經說好，演員不需要背詞演戲給他看。我在指定時間裡到了選角公司，剛好前一位男演員剛試鏡完畢，他看到我，用北京腔跟我說：「聽說有六百多人。」我一聽，身體放鬆，反而沒壓力了。我只是來見見欣賞的電影導演，演戲這件事，大概輪不到我了。

史托爾把鏡頭對準我，開始跟我對談。他發現我是臺灣來的，他直接說，他要找一個會說道地北京腔的演員，我於是更輕鬆，只忙著跟他聊電影，完全不爭取角色了。鏡頭旁邊一個刺眼的燈對著我，但燈的光芒碰到我的身上就彈開，無法停留，我確定，我真的該回家好好寫作了。

我十八歲那年演的《四隻拜日的狒狒》，將轉拷貝成DVD，讓我們老同學聚會時，邊喝紅酒邊喟嘆青春小鳥被射殺再也不回來。如今，高維泓是個專研文學的大學副教授，臺美光是科技公司的高階主管，陳美丹、蕭雅菁都當媽了。我們都胖了皺了，世故了，往前了，不變的是友情。一起在臺上煎熬過，這是一輩子的友情。

我呢？我沒得到北京腔的角色。我跟許多對表演有熱情的人一樣，愛唱歌想演戲，一點都不想當明星，只希望有個舞臺，願意收納我們的熱情。但可惜的是，我們身上沒有光。

還好我能寫。我坐在這裡，寫著，寫著。

最後的戰役

我居住的「斐德里斯漢區」（Friedrichshain），近來騷動不安，左派無政府主義者從德國各地湧入，與鎮暴警察對峙。一切，都只為了李比希街十四號（Liebigstr. 14）。這棟房子裡頭有二十五名住戶，全都是所謂的「佔領房屋者」（Hausbesetzer），因為屋主決定收回房子改建成新公寓出售，他們被迫必須搬遷。住戶拒絕撤退，與警方發生衝突。搬遷期限這天，二千五百名鎮暴警察進駐社區，把通往李比希街的路口全都封鎖，支持李比希街十四號住戶的左派人士在街頭游擊抗議，兩方劍拔弩張，水柱四射，叫囂在冷空氣中凝結。

「佔領房屋」是一九七〇年代開始的社會運動，一群需要住所的人，進駐被閒置的空屋，佔地為家。佔領當然有觸法的問題，一旦屋主堅持要取回房子，佔領者又拒絕離開，往往會爆發激烈的肢體抗爭。其實歐洲各國都有類似的房屋，政府擔任調解的角色，從屋主手上買得房屋，然後再跟佔領者簽署租約，讓這些社會的邊緣人能有安身之地，也能避免警民對峙的場面。我在柏林就參加過不少佔領房屋者的派對，他們成功地取得居住權，大家組成社團，建造自己心目中溫暖的家。

DAS LEBEN IST
KEIN PONY HOF
Attention!
LIEBIG
ACAB

一九八九年柏林圍牆倒塌，許多人離開前東德，留下不少空屋，李比希十四號就是其中一棟。佔領者在一九九〇年進駐這棟空屋，兩年後，政府與當時的住戶制定租約，佔領暫時合法化。但二十年過去，房子的所有權被轉賣，目前的屋主看中柏林房地產的潛力，決定趕走這些只需付出低廉房租的佔領者，把房子改建成新穎公寓，於是爆發了社會爭議。二十五名住戶有這麼難趕走？需要動用到二千五百名鎮暴警察？柏林是個反叛的都市，弱勢擁有站上肥皂箱發言的權力，「炒作房地產」對上「佔領房屋者」，就是「吸血資本主義」槓上「社會主義」，民間聲援的浪潮湧現。要是這二十五名住戶輕易就被攆走，那就是另類族群的徹底挫敗。於是，上千的左派無政府主義者趕到柏林，準備阻撓警察，聲援李比希十四號。

撤退最後通牒那天，我一大早就被街上的騷動吵醒，我打開窗戶，聲援佔領房屋者的抗議人士用街上的木條把主要幹道封住，交通大亂。我衝到李比希街去，一路上都是跟警察扭打的抗議民眾。我亮出記者證，一路突破封鎖，到達了李比希街口，發現死守李比希十四號的住戶用鐵條把陽臺封住，企圖阻止警察進入。但警察準備了電鋸與大型機具，正式攻堅。很快，住戶都被警察拖出房子，李比希十四號行動成功，屋主取回房屋。抗議者開始四散，在附近的大街小巷開始跟警察捉迷藏，警察開始向民眾噴水柱，民眾以石塊回報。

我怕被波及，決定跑回家，在陽臺用望遠鏡遠眺。一整天，附近的地鐵站關閉，道路持續封鎖，警民追逐，直升機在天空盤旋，一直有人悽厲地叫喊著。

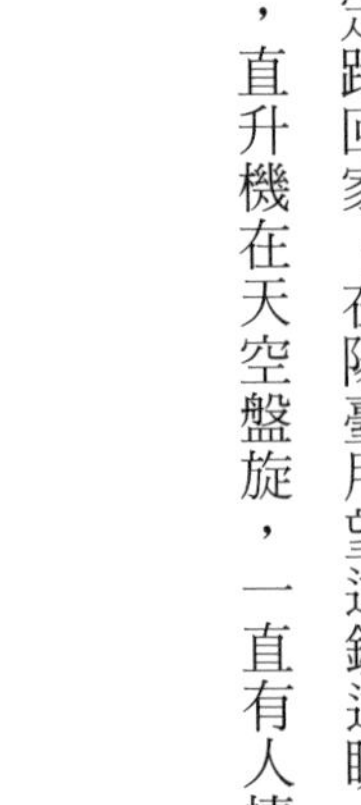

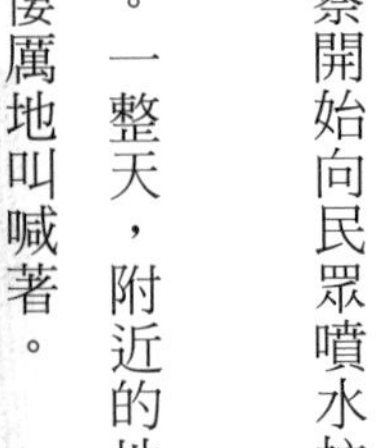

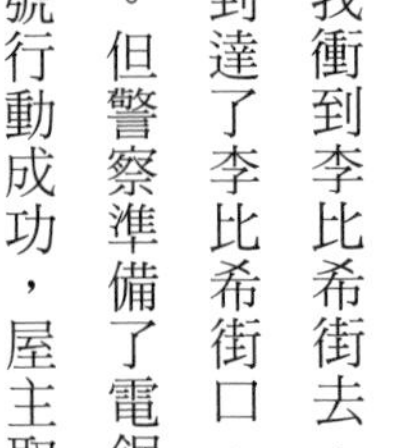

李比希街十四號

朋友問我，支持哪一方？我答不出來。我當然討厭炒房地產的投機客，但這是個法治社會，再怎麼另類也必須要守法，「佔領」若違法，任大家情感上怎麼支持他們，依然站不住腳。朋友看著街上警民扭打，搖頭說：「這是最後的戰役了。」的確，柏林房價已經開始上漲，老舊公寓翻新後，馬上成了昂貴的都市新公寓。李比希十四號整修之後，會有多少人記得，曾經有這麼一場戰役？

深夜，我出門透氣，家門口停了四輛鎮暴警車，警察蹲在路邊抽菸、吃麵包，一整天下來，疲憊穿過防彈背心，手上的盾牌也擋不了零下低溫。還不能回家啊，夜晚掩護下，抗議隨時會重來。

此刻，我發現鎮暴警察跟左派人士其實都一樣，都血肉之軀，需要溫暖的家。佔領，抗議，驅離，對抗，都是為了家啊。大家，都想回家。

我走回自己的家，決定繼續信仰溫柔。石塊、水柱，都是以力道取勝。但溫柔並不費力，佔領者、執法者、抗議者，都應該傾聽彼此，尋求最不暴力的解決之道。

這是我在柏林目睹過最不溫柔的一天。警察取得絕對的勝利，代價是監獄裡多了許多抗議人士，有警察受重傷。

這天，有二十五個人，失去了家。

街頭的慈悲

我在柏林地鐵裡，跟臺灣觀光客起了小衝突。

擁擠的 U2 地鐵車廂裡，一群亞洲觀光客上了車，我於是把聆聽釣竿隔空拋出，鉤取交談內容，耳朵裝滿熟悉的臺灣口音。他們討論著旅遊的下一站，抱怨柏林不夠整潔美麗，與想像中的歐洲相去甚遠。我看他們拿著印滿名牌商標的手提包，心想他們真的誤闖這個粗糙的城市，這裡不夠精緻古典昂貴，的確不適合他們的調性。隨後一個男子上了車，拿起手上的刊物，開始對著乘客販售。柏林人都知道，這就是《掃街人》（*Strassenfeger*）販賣者，大多是無家的街友。這群臺灣人看到他，馬上啟動觀光客的警報系統，其中一位女生說：「他好髒喔，他不會來搶我的包包吧？」身旁的男士跟著發難：「怎麼柏林這麼多流浪漢啦？德國不是有納粹？通通抓去集中營好了，髒死了。」

那位男士的玩笑話，引爆了我的憤怒，我站起來對著他們說：「請你們看看車廂裡的當地人，有人看到他們就跑的嗎？他們賣的是慈善單位發行的刊物，不是特地上車來搶你們。」他們被我突如其來的反應給嚇到，剛好有乘客從皮夾拿出零錢，買了《掃街人》，交易之間，沒有任何嫌棄或搶劫。其中一位臺灣女生不甘示弱，用言詞咬我一口：「你很多管閒事！我們只是不想被搶。」

我看著她長到可以攻擊人的假睫毛，決定坐下，回到我正在閱讀的書本裡，忽略這群旅人。他們下車前，沒忘了把語言手榴彈往我丟擲：「雞婆！」

回到家後，我有點後悔我的多管閒事，旅途中，遊客特別注意自身安全，並無不妥。畢竟他們只是過客，不可能了解這城市的生態，無心的誤解無傷，每個人對他者文化都有許多離題的見解。但那位男士的納粹笑話太過分了，高傲且缺乏歷史觀，就算無心，也太不慈悲了。

《掃街人》與《摩茲》（*Motz*）是柏林關懷街友的組織所發行的刊物，街友或需要小金額維生的人們，都可用低廉的價格購入刊物，然後在城市裡販售。在柏林遊走，很容易在人潮洶湧的街道、廣場、地鐵裡遇見販賣這些刊物的人們。販賣這些刊物的所得當然不可觀，但這是取代乞討的販賣行為，主動積極且帶有尊嚴，讓貧窮的街友也能透過簡單的商業交易，為自己賺到晚餐費用。

「掃街人販賣者」加菲貓和愛犬威瑪

我很喜歡在搭乘地鐵時，遇到這些社會邊緣人。他們牽著狗，對整個車廂快速說明自己的身世，然後整個車廂繞一圈，期待有人願意拿出零錢購買。他們時常衣衫不整，有時甚至散發異味，但他們口中說出的那幾句身世交代，卻總是讓我專注傾聽。有一次，一個清瘦的女子拿著《掃街人》，宛如吟唱詩句一般，訴說自己在一場車禍之後，失去了丈夫與小孩，如今只能靠賣《掃街人》維持每日基本吃食。又有另外一個駝背的老先生，用洪亮的聲音說自己是個破產的資本家，希望人們買本刊物，或施捨一些背包裡的食物。他們隨時都要面對人們的冷漠與忽略，偶爾遇見了慈悲，刊物順利賣出，於是晚餐可以多一塊麵包。

遇到這些人的時候，我只要口袋裡有零錢，都會以購買支持。我喜歡這種刊物的存在，每個社會都有需要幫助的邊緣人，這種刊物讓他們進入城市的繁華地段去販賣，讓經過的人都會看見貧窮階級的存在。目睹了，於是有可能引發關懷。而且，在所謂的精華地段，再怎麼高級，也不能驅離畸零邊緣人，沒有刻意的族群淨化，《掃街人》販賣者與穿高級西裝的生意人，一起過馬路。

為了寫這篇文章，我遇見了加菲貓。

我和攝影師朋友在地鐵裡，剛好遇見兜售《掃街人》的男子。我上前詢問，可否讓我拍照？他聳肩，不介意鏡頭對準他的潦倒。他說，因為他身形圓潤，於是街友們都稱他為「加菲貓」。加菲貓話很少，藍色眼珠盡是悲傷，他和愛犬威瑪（Wilma）無論晴雨，都出門販賣《掃街人》。我想問他身世，但他的寡言阻擋了我聽故事的好奇心。他只說：「人生很苦。」

道別的時候，我塞了十塊歐元，感謝他願意入鏡。但他從口袋裡拿出五塊歐元，找給我說：「幫我捐給日本的地震災民。」

加菲貓靠街頭的慈悲，卑微地活著。但他也願意付出，與世界分享他的微薄。真的，目睹光鮮亮麗的自大之後，我好慶幸，能遇見貧窮邊緣的慈悲。

克努特

二〇一一年三月十九日，是個不安的週六，北非有戰事，日本有地震，災難塞滿媒體，彷彿那些砲彈、海嘯隨時都會衝破電視或收音機，把大家都淹沒。電視新聞主播說，這世界迫切需要好消息啊，只可惜下一則插播新聞，還是令人皺眉：柏林動物園裡的北極熊克努特（Knut），在眾人面前，突然抽搐落水身亡。

我記得我當時正在朋友的花園裡幫忙種花，壞消息有力道，推了我一把，讓花苗跌出手心，我跌坐在濕土上，久久無言。

那是個早春週末，幾百個民眾來動物園跟克努特打招呼，突然，他身體抽搐，在眾人面前落水。很快地，網路上出現了民眾拍攝的影片，克努特生命的最後時刻公開給全世界凝視，他原地繞圈，龐大的白色身軀跌出鏡頭，馬上有小朋友驚慌叫喊：「救命！」水池裡，浮著一隻沒有生命跡象的北極熊，沒有任何掙扎。園方必須把水位降低，才能把克努特的屍體打撈上岸。

隔天，哀悼湧入了柏林動物園，克努特的柵欄周圍出現了鮮花、蠟燭、信

件。我也帶了一朵白色玫瑰花，向這隻命運多舛的北極熊致意。現場極為安靜，小朋友們帶來親手繪畫的克努特，掛在柵欄旁的樹枝上。許多人親筆寫信，向這隻北極熊道別。在柏林人心中，克努特其實不是熊，他在眾人的關注下被擬人化，他是一個被遺棄的孤兒，瞬間成為童星，然後必須獨自面對成長的崎嶇。他是柏林人心上的一塊肉，跨越世代的柏林集體記憶。

二〇〇六年十二月五號，柏林動物園誕生了兩隻小北極熊，但母熊不知道為何馬上遺棄了初生兒，拒絕餵食。園方接下照顧兩隻小熊的任務，其中一隻很快就過世了，另外一隻，幸運地活了下來。當時，有動物學家主張，人類不該介入動物自然行為，應該讓小熊自生自滅，所謂「拯救」其實是「干擾」。這個說法引起眾怒，抗議聲浪奔騰，園方正式對外宣布，將會努力照顧活下來的那隻小熊。動物園指派托馬斯・多芬萊（Thomas Dörflein）擔任熊父，小熊正式命名為「克努特」。

透過媒體，克努特一夜成名，電視日夜播放他跟多芬萊相處的畫面。他在鏡頭前，從手掌大的虛弱嬰兒，慢慢學會站立、奔跑。當時我每天上網關心他的成長軌跡，他依偎在多芬萊懷裡的可愛模樣，觸動了所有人。他正式在世人面前露面那天，來自世界各地的媒體擠進動物園，他活潑健康的白色身影，透過鏡頭傳播到世界上的每個角落，甚至跟好萊塢明星一起上了雜誌封面。一個動物巨星，就此誕生。

但是成長，從來不是一件簡單的事。他身形快速長大，多芬萊必須與他道別，否則克努特的一個熱情擁抱，可能就會壓垮多芬萊。從小被遺棄的克努特，再度被迫跟人類父親道別。不久後，多芬萊因為心臟病，突然暴斃。克努特的故事，似乎一直都有陰影籠罩。園方安排三隻母熊與他同住，希望他能學習與其他北極熊相處，但三隻母熊聯合起來對付他，克努特得不到同伴認同。

他在舉世矚目下誕生，也在眾目睽睽下，離開。

我去拜訪過克努特許多次，從他可愛的童星風采，到後來壯碩的憨傻模樣，我都默默地關心，在柵欄這邊跟他揮手。他一直是動物巨星，總是有人大聲呼喊他的名字。我想，大家這麼愛他，是因為他是個孤兒，在人類的爭吵聲當中存活下來，成長卻又這麼不順遂，於是大家更覺得要珍惜他。這麼多人遠遠地愛他，但他一直都孤單，巨大的身形，似乎總有點傻傻的哀傷，畢竟，這裡是柵欄，不是可以奔跑的大自然啊。城市裡有這麼多寂寞的靈魂，大家遠觀克努特，應該也都看到了自己的孤單吧。再怎麼世故長繭的人心，遇見克努特，也都會柔軟吧。

所以，當他如此戲劇化地離開，耳邊又不斷傳來災難消息，這春天似乎就太沉重了。父母們要跟小孩們解釋死亡，成年人在動物園點

哀悼湧入了柏林動物園，克努特的柵欄周圍出現了鮮花、蠟燭、信件。

上蠟燭，在心裡跟克努特道別。

克努特，因腦部病變落水溺斃，享年四歲。人類此刻還在爭吵到底該不該把他製成標本，但他就只是靜靜地離去了。在每個世代的柏林人心中，他總是如此潔白，不曾老去。

柏林臺灣女人之一
來自臺灣的護士：楊可餘

一九六七年七月十一日星期二，《世界日報》（*Die Welt*）、《晚報》（*Der Abend*）、《每日鏡報》（*Der Tagesspiegel*）等德國報紙，同時刊出了「來自遠東的護士」的新聞。《世界日報》這樣寫：「昨天柏林首次出現了中國護士。她們來自福爾摩沙之島，將在紅十字會不同的醫院裡工作。」報紙上的照片攝於柏林 Tempelhof 機場，當時的德國紅十字會長 Dr. Blos 與一群來自臺灣的女護士們在飛機前開心合照。

來自上海的女孩楊可餘，就在這群年輕女孩當中，戴著墨鏡，穿著套裝，微笑對著鏡頭揮手。這是她生平第一次坐飛機，臺北起飛，途中經香港、法蘭克福，折騰了將近四天，終於來到了陌生的柏林。這是她這輩子第二次長途旅行，上次是上海到基隆的單程船票，這次，她不知道何時才會回到臺灣。

此刻，我坐在楊可餘的花園裡，她從廚房端出親手做的蛋糕，身手俐落忙進忙出，只怕有絲毫怠慢。確定我有咖啡喝、嘴裡有蛋糕，她才放心坐下，用敘述鑿開時光隧道，故事橫跨兩岸、歐亞，曲折動人，她真的就是一部近代華人離散的紀錄片。她看著泛黃的剪報說：「如今 Tempelhof 機場都停止營運了，我還清楚記得飛機降落柏林的那天。我的耳朵嗡嗡叫，身子根本累壞了。一走出飛機，記者等著我們。當時，我哪知道柏林在哪裡？根本不知道柏林有個圍牆，還有冷戰。」

楊可餘從戰亂中國逃到臺灣，想不到來到了被圍牆包圍的西柏林，冷戰的威脅等著她。

楊可餘出生於一九四〇年的上海法國租界，那是個戰亂的年代，她父親是幫忙國民黨運送武器的上校軍人，母親是個摩登的家庭主婦，家裡有幫傭，是租界裡環境不錯的人家。她對上海的童年時光印象不多，只記得那是一座很國際化的大都市，有不少印度人，以及大樓裡的手扶電梯。她就讀東方小學，在小學一年級那年，表演過兔子舞。一九四九年，她父親跟全家說，該打包行李了，準備搭船去旅行。父親對她說，船上有很多稀飯，牛肉稀飯、豬肉稀飯，任人吃。愛吃稀飯的她，有一天清晨四點被叫起床，匆忙地跟全家來到了港口，混亂當中登船。海峽浪濤翻騰，大家一口稀飯都沒吃到，沿途不斷嘔吐，直到廣播傳來基隆港這個陌生的地名。外婆、父親、母親、四個兄弟姊妹、幫傭、司機站在基隆港，面對一個全然陌生的土地，等候安排。當時她完全不知道，父親口中的旅行，其實是逃難。她說：「我對臺灣的第一印象就是，臺灣好乾淨！人們穿著日式木屐，女人的牙齒是金子做的。」幾經輾轉遷徙，她父

楊可餘與安德亞斯

親開始在中央信託局上班，一家人終於在臺北落腳，永康街四十七巷二十六號的日式房子，掛上楊家的門牌。

她在臺北進了龍安國小，隨後考進強恕初中，上海逐漸模糊，臺北就是家了。這些年，她父母親的感情觸礁，為了賺取更多錢，她母親在永康街上開始做起生意，先試賣冰淇淋，想不到生意大好，隨後轉賣牛肉麵，也很成功，最後開設服裝訂製店，為臺北的摩登女性做出新潮的衣裳，是如今昌盛的永康街早期拓荒者。楊可餘一路苦讀，順利考取了國防醫學院，離家去接受新兵訓練，丟過真正的手榴彈，拿過比她還高的步槍。

在國防醫學院求學這段期間，是國共劍拔弩張的年代，學校的訓練還沒完成，她和所有的同學就必須進醫院，協助處理不斷從金門送過來的戰地傷患。當時她每天都必須處理傷口長蛆的傷患，下班後回到宿舍，鼻子裡都還是傷口的味道。她說，那一整年，她幾乎都吃不下飯，那鼻子裡的味道太濃烈，全都抵消了飢餓感。那是個資訊封閉的年代，她其實對兩岸對立所知不多，只知道斷腿斷臂的軍人一直不斷地被送進來，單純的少女世界，無法探知這些傷口的背後，是悲憤的反共意識與複雜難理的兩岸對峙歷史。

畢業後，她在公保大樓擔任物理治療師，有一天在報紙上讀到德國紅十字會在招募護士。在那個戒嚴的年代，人民沒有出國旅行的自由，坐飛機出國是絕對的奢侈，但她卻一直有旅行的夢想，於是沒想太多就報考，心裡盤算著可以免費坐飛機，還可以用自己的專

楊可餘當年來柏林的機票

業賺洋幣。結果超過一千名護士前來報考，初步篩選之後剩下一百名，口試之後，只剩下五十名護士正式錄取，楊可餘的名字出現在榜單上。但這五十名護士因為種種原因，例如家庭因素、證照辦不出來等，最後只有十六名臺灣護士登上飛機，飛往柏林。

一九六七年七月八日，這十六名來自臺灣的年輕護士都是生平第一次坐飛機，機翼切開雲朵，大家透過窗戶往下看，熟悉的臺灣島，逐漸變小，消失在視線裡。大家其實都不會說德文，都不知道德國長什麼模樣，行李裡滿滿的勇氣，不安塞進包袱的最底層，不輕易讓人察覺。來到德國兩天後，大家被分派到不同的醫院，馬上開始辛苦的異鄉護士生涯。楊可餘回憶，一九六八年的柏林夏天特別炎熱，十六名臺灣護士約好去植物園玩耍，大家穿著旗袍、撐著傘遮陽，一路上所有的德國人都停下來看著她們。這十六個女孩不知道，柏林人看到陽光就恨不得脫光曝曬，這一群穿旗袍的亞洲女孩卻拿著臺灣帶來的傘躲太陽，成了當天植物園的奇觀，比任何奇花異草都吸引目光。

這個上海出生的女孩，在臺北過著自由的城市生活，工作、

Schwestern aus Fernost

Zum erstenmal sind seit gestern chinesische Krankenschwestern in Berlin (Foto). Sie kommen von der nationalchinesischen Insel Formosa und sollen in mehreren Krankenhäusern des Roten Kreuzes arbeiten. Berlins DRK-Präsident Dr. Blos (am Steuer) begrüßte die jungen Schwestern auf dem Flughafen Tempelhof. Ein Sprecher des DRK: „Wenn sich die Chinesinnen bei der Krankenpflege bewähren, werden wir weitere 20 bis 25 aus Formosa nach Berlin holen."

《世界日報》這樣寫：「昨天柏林首次出現了中國護士。她們來自福爾摩沙之島，將在紅十字會不同的醫院裡工作。」

看電影、打麻將、跳舞，她無法當個不出門的傳統女性。到了柏林，她跨越語言隔閡，跟時尚男女去當時流行的電話酒吧跳舞，釋放護士工作的沉重壓力。在這如今已經不存在的酒吧裡，每個人座位前都有編號的電話，愛慕者遠遠觀察，喜歡就 call out，直接對談。她當時暗戀這家酒吧的帶位員，常常會主動送飲料給對方。她是個主動的現代女性，實地參與了一九七〇年代柏林年輕男女的情愛追逐，這個臺灣來的小姑娘掙脫「害羞保守東方女性」刻板框架，跳起舞來飛揚自由，青春正好啊。

在柏林兩年以後，她向美國大使館申請到簽證，準備到美國去找弟弟依親，當年，美國是很多人心中的夢土，她也想去嘗嘗美國夢。但她的病人之一開始對她展開猛烈追求，為了愛情，她放棄了去美國的機會，決定留在柏林。不久後，她和這位當初來醫院進行盲腸炎手術的德國男人，步入禮堂。一開始婚姻幸福，她生下了一男一女，護士的工作上軌道，這個她在柏林建立的新家庭，跟著德國經濟奇蹟一起起飛。

一九八四年，她的德國先生的酗酒開始惡化，一直到一九九五年離婚之前，她經歷了婚姻失敗的痛苦、被酗酒先生家暴，這超過十年的時光，她不記得自己有任何笑容。當初那個步出飛機，用微笑迎接柏林的女孩，被失敗的婚姻徹底擊垮了，在異鄉孤獨哭著，卻沒有親人就近協助。一九九五年離婚生效，她才慢慢地走出憂鬱日子。一九九九年，她正式退休，結束三十二年的異鄉護士生活。退休後，她忙於僑務，學畫畫、燒陶瓷、寫書法。去荷蘭學畫時，她認識了德國人安德亞斯，兩人最近一起搬進柏林郊區的房子，安穩地共同生活。

我幾年前剛來柏林，第一個採訪對象就是楊可餘。當時臺灣僑胞動員參加了當年的「柏林文化嘉年華」，楊可餘穿著古裝跟著遊行隊伍走，不喊苦不叫累，活力旺盛的模樣讓我印象深刻。在所有僑胞的活動上，都可以看到楊可餘四處奔走的身影，抗議中國政府霸道、為臺灣賑災，都少不了她的熱情。我們同屬一個合唱團，見面的機會多，漸漸地變成了好友。她偶爾說說自己的往事，故事的零碎切片就充滿時代感，總是讓我聽到欲罷不能。從上海逃難到臺灣的女孩，如今是看透人世風波的婦人。有一次我問她：「可餘姊妳覺得哪裡是『家』？上海？臺北？柏林？」

沒有任何遲疑，她篤定地說出：「我的心，隨時都想著臺灣。」

我說我想訪談三個住在柏林的臺灣女人，把她們的故事寫下來，首先想到了她。她拿出珍藏多年的相簿，一九六七年的那張機票、德國報紙的報導，都完好留存。她說自己的故事，不激動不戲劇化，那平穩的語氣，是經歷過戰亂、離散、孤單之後的人才有的淡然。坐過逃難的船，處理過長蛆的傷口，經歷過冷

戰與柏林圍牆倒塌，被自己的丈夫暴力以對，此時，她早已無畏無懼。

跟她約拍照這天，安德亞斯剛好在家，兩個人在房子的後花園入鏡，看到可餘姊晚年有人相伴，我偷偷壓抑想哭的濫情。兩人為了花園裡的樹拌嘴，楊可餘討厭開滿白花的樹，覺得看了不吉祥，於是把花都給剪光，安德亞斯接著把楊可餘的竹子給連根拔起，花園裡上演著小規模的謀殺植物諜對諜。眼前這個女人，倔強、自由、獨立、叛逆、有自己的想法，這一路上也沒多想，儘管往前衝就是，絕不嫌路遠。此刻，她已經是個外婆了，孫子抓著外婆說人生故事，只是這一路滄桑，怎麼能三言兩語說盡呢？純真的孩子不懂戰亂生死啊，她其實需要一本傳記的規模，才能完整保存自己的故事。或者一部紀錄片，透過這群年輕的護士的經歷，挖掘這段遷徙的笑與淚。

上海的老家、永康街四十七巷的日式房子、柏林工作過的醫院，如今都不在了。上海港口、基隆港、臺北松山機場、柏林 Tempelhof 機場，這些她人生旅程當中重要的啟程與抵達，不是面目全改，就是關門走進歷史。偶爾，她拿出珍藏的相簿，看看老照片、票根、剪報，這是她個人的旅程記錄，提醒自己曾經那麼勇敢過，沒有什麼不敢去的地方。打開相簿，所有的回憶都從各個時空趕來歸位，年份、日期、地點、名字、味道、誰來了、誰走了，一切細節都被她緊緊抓著，這精采的一生，不准忘。

她小心翼翼地把當年那張臺北到柏林的單程機票放進相簿裡，臉上的微笑，對照一九六七年的老照片，我發現時光消融許多事物，但那笑容沒變。那笑容清楚說了，楊可餘依然自由勇敢，隨時都可啟程，說走，就走。

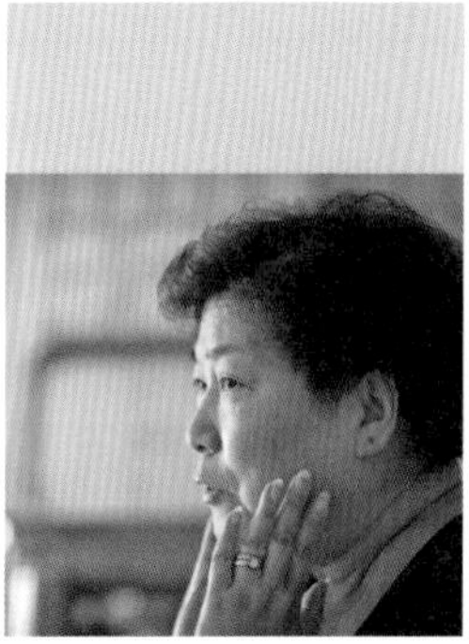

柏林臺灣女人之二
巨星的化妝師：趙祝平

我演的短片《宮保雞丁》在德國電視臺 3sat 播出時，木蘭餐廳的一家人剛好看到。幾天後我到木蘭用餐，吃著老闆特別加料的貢丸麵，老闆娘說在電視上看到我的演出，問了我幾個化妝的問題，然後淡淡地說：「其實我以前也是拍電影的。」她女兒在一旁說：「我媽懷我的時候，還在拍電影。每個人都說這生出來一定是個男的，只有歸亞蕾說，這一定是個女孩兒。」

我看著總是有點害羞的老闆娘，說到拍電影的往事，神采昂揚，眼神的布幕拉開，膠卷播放器啟動，配樂緩慢地在耳裡繚繞，一部鮮為人知懷舊老片，開始在我眼前放映。

這幾年柏林中餐館的生意不好做，臺灣人開設的餐廳紛紛關門，木蘭是少數還供應道地臺灣口味的餐館之一。老闆王經華，老闆娘趙祝平，女兒王嘉鈴，兒子王嘉維，一家親切低調，辛苦地維持餐館生意。許多僑胞的活動都會選在木蘭，我多次前往採訪，見到王家微笑端出的飽滿水餃，總帶

趙祝平

著感恩咀嚼美食，謝謝他們還撐著，讓我們柏林臺灣人需要用家鄉味撫平思緒時，總還有一碗熱呼呼的手工貢丸湯麵，讓我們邊吃邊擤鼻涕擦眼油，湯碗見底，皮膚上的毛細孔都張口笑著。

「可不可以，找個時間，慢慢地，跟我說妳的故事？」

電話那頭，趙祝平依然靦腆客氣：「當然好啊，只是，我怕我的故事太平庸，你聽了會覺得沒什麼好寫的。」

我選了一個週六下午，去木蘭聽她說故事。我先問她，哪一年來柏林？當時知道柏林圍牆的存在嗎？在那個年代，離開臺灣很不容易，來之前，對歐洲有任何想像嗎？

她拿出私藏的相簿，眼睛光芒閃爍：「一九八二年，我帶著我的女兒從臺灣飛來柏林，當時我先生已經在柏林的中餐館工作三年了，我來與他團圓。不過，這不是我第一次出國，其實我二十歲那年，就跟著白景瑞去韓國拍攝《一簾幽夢》啦。我是那部電影的化妝師。後來，我也跟著外景隊去了美國，來了歐洲，所以，來這裡定居之前，我對歐洲有個基本概念了。」

她是《一簾幽夢》的化妝師，她二十歲那年，就幫甄珍、謝賢等巨星化妝。當年是臺灣文藝片的全盛時期，那部讓全島嶼瘋狂的愛情片化妝師，竟然就在柏林，就坐在我眼前。片中角色費雲帆的家在義大利，需要雪景，劇組就近到韓國拍攝。那時，趙祝平剛開始闖蕩電影界，憑著優越的化妝技術，得到了近距離為巨星打點容顏的機會，一起出國去拍外景。

《人在天涯》、《異鄉夢》、《留學生》外景隊，在羅馬合影。

趙祝平的人生電影開始放映，卡司星光閃閃，聽故事的我，只能一直不斷驚呼。膠卷開始快速轉回一九七〇年的臺北仁愛路，十六歲的趙祝平，與朋友在這裡合開了一家美容院，提供按摩、修容等服務。在朋友的介紹下，她去中視應徵化妝師，但可惜戲劇所需要的妝不是她所擅長的，於是她先開始與李行的化妝師賈魯石學習戲劇化妝，進入《風從哪裡來》電影劇組當化妝助手，這部電影的女主角，是傳奇女星唐寶雲。很快地，她的巧手在明星之間傳開來，工作邀約開始上門，她成為白景瑞電影的專任化妝師。

她開始忙碌的化妝師工作，《楓葉情》、《晴時多雲偶陣雨》、《晚間新聞》等電影都是她負責化妝。李美彌執導的《晚間新聞》的記者會上，趙祝平與所有的幕後工作人員，一起與演員胡慧中、歸亞蕾、秦祥林在記者會上亮相。她說，當時幕後工作人員很少有這種公開露面的機會，金馬獎也沒最佳化妝獎。她站在臺上，和演員與所有工作人員一起面對媒體，辛苦的幕後工作終於被公開肯定。她能把「清新脫俗」、「醜惡奸巧」、「傷痕累累」、「帥氣出眾」這些劇本上的抽象形容詞，用彩妝具體地表現出來，臉是任她揮灑的畫布，那個從小就對「美」特別有興趣的女孩，終於找到自己的路，從單純的美容師成為專業戲劇化妝師。

趙祝平手上的相簿，根本是一九七〇年代的電影黃金派對，紅地毯上巨星閃耀，我的尖叫在木蘭餐廳裡迴盪，全都是我小時候跟姊姊迷過的明星啊。趙祝平與凌波的合照，拍攝於《紅樓夢》的定妝攝影棚。她一直是凌波的影迷，想不到竟然可以幫這位永遠的梁山伯化妝，趁拍攝空檔，她和凌波留下了珍貴的合照。溫拿五虎來臺灣拍攝《追趕跑跳碰》，她也是化妝師，與五位活潑的港星開心合影。照片慢慢翻，鄧光榮、翁倩玉、陳莎莉、胡茵夢，甚至相聲家魏龍豪、雕刻家朱銘身旁，都可以看到趙祝平年輕的模樣。她身旁的巨星表情、姿態都很放鬆，這不是要發給記者的劇照，這是工作夥伴的私人合照。她是這些巨星信任的化妝師，淺淺笑著，總是有些許的害羞。

再翻一頁，我看到了林青霞。

當年，白景瑞拉了大隊人馬，遠赴歐洲拍攝外景，在一個半月裡，一次把《人在天涯》、《異鄉夢》、《留學生》的外景拍攝完畢，趙祝平就是隨團的化妝師。在拍攝空檔，她與工作團隊遊歷歐洲，留下了珍貴的合照。那個年代，一般人很難出國旅行，但她卻與夏玲玲、林青霞、秦祥林等巨星同遊羅馬、威尼斯。在瑞士，她和林青霞一起入鏡，林青霞的母親也在她鏡頭前留下珍貴的身影。照片裡的林青霞美麗脫俗，巨星身影令人捨不得翻頁。這歐洲實地拍攝的「留學生三部曲」，取材白景瑞個人留學義大利的經驗，成為臺灣影史上令人難忘的影像，也是趙祝平最美好的工作回憶。

突然，我想動筆寫電影劇本，把這個旅程寫下來，透過一位化妝師的眼睛，觀看那一個半月的歐洲拍攝生活，當年能這麼大手筆地出國拍電影，這無疑是臺灣影史上重要的篇章之一。當時沒有狗仔尾隨，演員可以專心地演戲，明星光芒純粹無雜質。化妝師的筆刷沾了金粉，為那個風華的文藝電影年代刷上閃耀光芒，那些用電影築夢的演員與導演都穿著一九七〇年代最時尚的衣服，在羅馬街頭等白景瑞喊：「開麥拉，action!」化妝師在演員臉上塗上最立體的光環，明星身影入膠卷，在銀河裡青春永恆。除了令人懷念的大明星，

周芝明、趙祝平、淩波。《紅樓夢》定裝照。

雕刻大師朱銘也在拍攝隊伍裡，他的作品也出現在電影當中。真該有部電影，向這些帶給我們夢想的電影人致敬，紀念那個璀璨國片年代。那是個單純做夢的年代，一去不復返。蔡琴這樣唱：「以身外身，做亮銀色的夢。以身外身，做夢中夢。」

十八歲進電影圈，一直到三十歲，趙祝平的電影履歷表非常驚人。她曾經同時為三部電影化妝，訓練的一批化妝助理，有些都還在臺灣電影界奮鬥。除此之外，她還幫許多女明星出席重要場合的打點妝髮，生活多采多姿。

此時，她在片場認識了擔任行政的王經華，進而相戀結婚，兩人產下一女。王經華得到一個去柏林擔任廚師的機會，決定先自己去打拚，等生活安穩之後，再把妻女接到德國。她三十歲那年，決定拋下臺灣的一切，帶著女兒飛到當時被圍牆包圍的西柏林。行前，她把一整疊的電影劇本全都處理掉，太重了，根本無法帶到柏林，電影人的身分，就留在臺北吧。這十二年的電影人生涯，她以最近的距離，端詳過所有大明星的容顏，在臺北絢爛忙碌的生活其實夠了，她此刻渴望安定，建立一個溫暖的家。

從一九八二年到現在，她在柏林一直過著恬淡的日子，帶兩個小孩、協助丈夫經營餐廳，原本經營的泰豐餐館因為房東易主，才另找地點，開設了木蘭。一九八九年柏林圍牆倒塌之後，外食人口銳減，中餐館的生意開始難做，木蘭挺過蕭條風雨，如今依然每天開門服務客人。這間樸素的中餐館裡，

趙祝平與林青霞合影

趙祝平拍攝，林青霞與媽媽合影

王家四口緊緊相守，共同辛苦維持著生意。趙祝平從前是個專業的電影化妝師，如今則是餐館裡的糕餅師傅，包子、蘿蔔絲餅、芝麻球等小點心都是她的拿手絕活。化妝的巧手，在麵糰裡攪和，依然有辦法調出令人驚豔的美味。

聽她的故事，我發現，她就是臺灣的第一代明星造型師。我試著想從她口中打探一些影劇八卦，畢竟造型師與明星如此貼近，一定知道很多第一手祕辛。但她只叫我多吃木蘭的手工水餃，便起身離桌去幫我泡茶。她絕不說八卦，這是我們這一代已經遺失的敦厚。電影是個影像工程，她用彩妝協助建築美好，情愛糾葛風花雪月都不屬於她的專業。不攪八卦漣漪，所有巨星，在她的記憶裡，永遠都是上妝前的素淨臉龐，純真美麗。

聽故事那天，我提到林青霞最近出版了自己寫的自傳，我託朋友從臺灣幫忙帶書來柏林，讀完之後我會帶來木蘭，算是幫忙捎來失聯老友親筆寫的消息。我貪看林青霞與趙祝平的合照，一位是跨世紀的華人巨星，一位是臺灣電影工業的重要化妝師，可惜聯繫早斷了。兩個臺灣女人如今都回歸平淡，有了自己的家，一個在香港，一個在柏林。兩個女人，都把她們最好的青春年華，奉獻給了臺灣電影工業。

我不可能有機會認識林青霞，但坐在木蘭餐廳裡聽故事的我，可以對著說故事的人說：「很高興認識妳，趙祝平女士。謝謝那些電影。謝謝妳。」

趙祝平與溫拿五虎

柏林臺灣女人之三
永遠的武生：劉傳華

幾年前，臺灣駐德國代表處在柏林某個圖書館舉辦以臺灣為主題的活動，請來了臺灣餐廳牛稼庄的老闆跟老闆娘講解國劇臉譜。官方活動常有冗長的政宣致詞，大官們在臺上低頭跟講稿纏綿，跟聽眾零互動，再怎麼誇飾臺灣與自己的政績，也讓人抓不到島嶼樣貌。但輪到牛稼庄的老闆吳華安、劉傳華登場，他們竟然化了臉譜穿上京劇戲服，踢腿亮相，示範唸唱做打，觀眾的眼睛都張大了。他們的腿劈開現場沉悶的空氣，站上舞臺，英氣挺拔，完全是習武之人。我驚訝地差點忘了鼓掌，不是啊！他們不是牛稼庄那兩位和藹客氣的老闆跟老闆娘啊！

幾天後我到了牛稼庄，柏林的臺灣人一想到牛肉麵，就會跳上地鐵 U8 線，Hermannplatz 站下車，道地的濃郁牛肉麵即刻上桌。他們謙虛地說，那天表演完後，兩個人躺在床上簡直不能動，老骨頭了，禁不起這樣折騰。我進而追問，原來，他們畢業於復興劇校，是科班出身的梨園子弟啊。吳興國是他們的學長，一起在臺上翻滾過，我小時喜愛的女星張詠詠，是老闆娘劉傳華的同班同學。

每次跟朋友去牛稼庄吃牛肉麵跟滷味小菜，我都會小心翼翼地在閒話家常裡夾帶幾

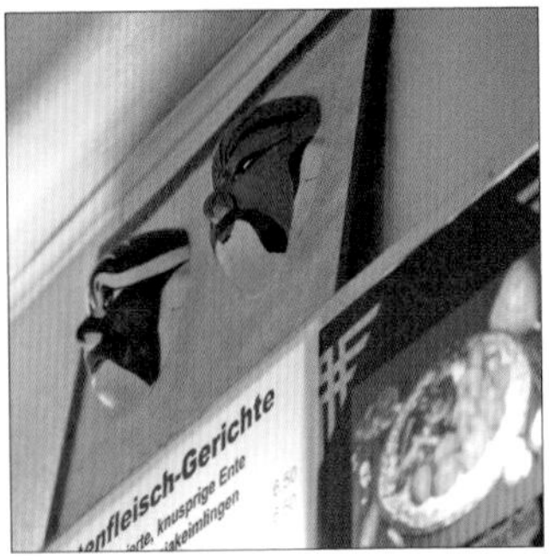

個問題：「是復興劇校哪一屆的啊？」「吳興國以前是什麼樣子？」「現在還繼續練功嗎？」他們夫妻倆很低調，樸實地經營餐館，不輕易打開過去的記憶盒子。這次，我終於提起勇氣詢問：「我正在書寫柏林，我發現柏林的臺灣人的保險箱裡鎖了許多故事，我想寫柏林臺灣女人，老闆娘，可以跟我說故事嗎？」

她思考了兩秒，總是有點害羞的表情瞬間卸下，眉宇閃過勃勃氣概：「好。」短短一字鑄成鑰匙，開啟故事保險箱，時光隧道洞開，她帶我走入一九七〇年，國立復興戲劇「傳」班開學，鑼鼓點響起，小女孩穿上卡其制服與功夫褲，下腰，倒立，踢腿，眼淚鎖在眼底最深處，開始了艱苦的梨園生涯。

十歲那年，她考上了國立復興劇校，此時為劇校初創時期，以「復興中華傳統文化，發揚民族倫理道德」十六字為班序，原名劉美華的小女孩，是第五屆，跟著全班一起把「傳」嵌入名字中間，從此以劉傳華藝名闖梨園。她說，看學長吳興國的名字就知道他是第二屆，因為是十六字班序的「興」字輩。牛稼庄的老闆吳華安則是「華」字輩，大她一屆。

劇校是個很特殊的教育環境，學生們肩負著傳承京劇的重責大任，每天都要拉筋、下腰，接受嚴格的基本功訓練。劉傳華個性堅毅，肯吃苦，很早就被老師看上，從《白水灘》這齣小戲開始，學習武生身段。武生這個角色必須氣魄穩重，工架乾脆，武功好，身段佳，才能在舞臺上震懾全場。這個小女生學了八年的武生架勢，各種小戲都登臺亮相過，尤其擅於演哪吒。當年劇校有很多校外展演的機會，她跟著學校四處演出，曾在臺上演過吳興國的兒子，舞臺閱歷豐富。當時，她也多次跟學校的海外巡演出國，小小年紀就跟著劇團遊歷四方，護照上戳記了許多異國的梨園冒險。當年，這位女武生的功夫收服了許多劇評人，各大報紙都刊出她的舞臺風采，民國六十九年的報紙如此盛讚她：「劉傳華有招牌戲，《乾坤圈》獨步菊壇。」

她拿出紙盒，拿出幾張電影劇照，照片上，唐寶雲抱著梳著兩根辮子的她，兩人表情悲苦，戲劇效果十足。我驚呼：「原來妳曾經是童星！」她靦腆地回憶這個從影往事，當年她十二歲，一部電影需要一個會翻跟斗、特技的小女孩，演唐寶雲的女兒，導演到劇校來找人，挑中了她。在這部電影裡，她和另位一位小女孩演雙胞胎姊妹，被迫與母親分離，她被送進了雜耍團。這段往事塵封過久，她連片名都想不起來了，但她記得男主角是秦漢，片中還有曹健跟錢璐。我馬上用網路搜尋，確定這部電影名為《心願》，導演是楊道。我眼前這位樸實的老闆娘，竟然曾經跟電影傳奇唐寶雲、秦漢演過戲，我看著當年的彩色劇照，久久說不出話來。她看著老照片，突然又記起：「拍完電影後，我十三歲，還去中視錄過影，表演過好幾齣小戲。」之後，她成為中影的演員，演過電影《百戰保山河》、

劉傳華

《水玲瓏》、《飛禽走獸十三形》等國片，在片子裡展現拳腳功夫。

我常遇見很愛自報家門與光榮履歷的人們，在自我介紹時深怕別人不知道自己來歷，一旦對方沒聽過自己大名，還會嫌人家閱歷太淺。但我在柏林遇見的這幾個臺灣女人，卻都把自己的故事小心地收藏，不輕易言說。那是真正面對自己之後的沉靜，所謂光彩的過去只是人生的篇章之一，毋需誇大或嚷嚷，自己偶爾慢慢回憶就夠了。

從劇校畢業後，劉傳華加入了學校的劇團，開始領薪水，成為全職的京劇演員。但此時電影電視興盛，京劇已經開始沒落，她必須面對人生的抉擇。曾經，她在父親的安排下，試著積極進入演藝圈，在臺視演出連續劇。但她發現自己長久以來學的都是武戲，她無法在鏡頭前演出細膩的文戲。況且演藝圈路難行，紅不紅有時候沒什麼道理，她決定另闢人生路，離開藝界。她瞞著父親，跟學校劇團遞出辭呈，毅然地一個人來到了中山北路的美容院，當起了學徒。她是有主見的叛逆武生，要闖出一條自己的路。這六個月的社會歷練，讓她發現這複雜的世界與想像有諸多出入，學徒制讓她永遠只是在幫客人洗頭，六個月過去，根本沒學到什麼。這個舞臺上的主角，瞞著家人與朋友，在中山北路為自己的人生打拚，梨園舞臺變成現實社會，這巨大的落差，她咬牙逼自己度過。武生能打能鬥能唱，但面對殘酷的人生，多年的武功根本派不上用場，拳頭打不過現實啊。這些日子以來，一直默默支持她的，就是先生吳華安。

吳華安是大她一屆的學長，學校練功生活忙碌，其實兩人交集不多。直到有次，兩人隨團到夏威夷演出，在藍天大海的熱情島嶼上，好感悄悄發芽。那是個保守的年代，兩人在夏威夷沒牽手也沒多講話，學長學妹互敬，好感用武功壓在心底。回臺灣後，一次校外公演，劉傳華竟然睡過頭，舞臺的鑼鼓點都響起，她人還在睡夢中，後來在最後一刻才衝上舞臺亮相，她記得很清楚，那次她飾演吳興國的兒子。這次的睡過頭事件，讓吳華安發現，原來劉傳華沒有手錶。當年，手錶可是奢侈的物件，吳華安把手腕上的手錶摘下，說是「借」給學妹，以免下次整個舞臺等不到武生。手錶緊貼在劉傳華的手腕上，此時她確定，對方在人海當中，一直注視著她。

校外演出完畢，大家連夜搭乘平快車，一路緩慢搖晃回臺北。當時的平快不講究舒適，大家窩在狹窄的椅子上，根本無法好好休息，臺北，彷彿是永遠到不了的終點。但這一整夜，吳華安對著劉傳華不斷說著故事，彷彿《一千零一夜》裡的故事敘述者，故事源源不斷地從吳華安喉嚨傳出，安撫了劉傳華的疲累。她很想睡，但也想聽故事。無數陌生的站名被列車長報出，不知名城市的街燈從火車窗戶篩進來，打在兩人的臉上，這次，昏暗當中，兩人把彼此的臉龐看清楚了，這是沒有上妝的素淨臉龐，沒有臉譜遮蔽，我看到了你，妳也看著我。朦朧恍惚之間，故事說到一個段落，臺北終於到了。說故事的人，和聽故事的人，在往臺北的平快夜車

唐寶雲跟劉傳華

上，相戀了。

我聽著這手錶火車情緣，手在筆記本上停下，太感動了，我好怕我的文字會對不起這麼純真的情緣。此時吳華安從廚房拿出椅子，放在劉傳華的背後說：「坐吧，我好怕妳一直說故事，都忘了坐。」

聽故事的人，看著吳華安凝視老婆的眼神，突然累積淚水，趕緊低頭吃牛肉麵，佯裝低頭咀嚼。其實中餐館的生意難做啊，他們夫妻倆踏實地做生意，不耍花招，凡事親為，水餃自己包，麵條自己擀，湯頭自己熬，連餐廳裡的米白色地磚都是劉傳華自己鋪的。兩人互相扶持的真摯，讓招牌牛肉麵更美味，那是用真心熬煮的湯頭啊。

一九八七年，吳華安先到慕尼黑的中餐館工作，不久後來到了柏林，一九八九年，依親手續辦好之後，劉傳華就帶著兒子搬到了柏林。一九八九年？這不是柏林圍牆倒塌那一年？劉傳華笑著說，她那年冬天來，圍牆都還沒拆除完畢，她和先生去了圍牆，在現場租了榔頭，就跟著敲打牆壁。當時的柏林，日夜都有槌打牆壁的噪音，她剛好也參與了這歷史的一刻。

牛稼庄位於柏林「諾依肯恩區」（Neukölln），這裡龍蛇雜處，多元種族在這裡辛苦地討生活。他們店裡某天就來了個亮出警徽的便衣警察，觀察對面的動靜。原來，對面是毒品交易站，某晚甚至還發生了謀殺案。一次有個德國人來店裡鬧場，對方不知道這兩個臺灣人可是習武之人，雖然個頭比不上對方，但絕對不會任人宰割。吳華安鎖住對方咽喉，把對方整個人抬起來丟到街上去。想鬧？我們可是坐科八年的劇校畢業生，不用耍刀弄劍，身段就夠面對這種場面。又有一次，一個客人用假鈔付錢外帶，劉美華發現後，對方已經離開。她箭步衝出追上，拉住對方：「你給的是假鈔！」當年的武生再臨，柏林的街上幻化成舞臺，她敏捷快步出場亮相，嗓門開，架勢猛，懾人魂魄，「付錢！」響徹柏林街頭。這是現實的人生舞臺，她是永遠的武生。

吳華安、劉傳華看看窗外，覺得這一切都是修行。他們接觸佛法之後，看開了許多，褪去京劇的華麗戲服之後，人生際遇把他們帶來柏林，能夠安穩地生活，他們充滿感恩。

牛稼庄裡，牆上掛著京劇臉譜，桌上有臺灣雜誌，天花板掛著紅色大燈籠。這些都是他們與臺灣的連結，臉譜是遙遠的過去，一段最美好的際遇。十歲那年進劇校，哪知道最後會來柏林經營餐館呢？人生比舞臺曲折，眼前這個女武生，面對未來，就如同她小時候學的第一齣武生戲《白水灘》的劇情一樣，官兵來，主角穆易奇上臺，我擋！紮實的基本功在身體裡生的根不會斷，柏林是人生舞臺，女武生登場亮相，無畏，無懼。

最左邊是劉傳華，右邊則是曹健跟錢璐。此為《心願》電影劇照。

Berlin

輯四：叛逆柏林

柏林小越南

攝氏三十五度的柏林，和幾個朋友坐在沒空調的柏林捷運車廂裡，盛夏吸血鬼貪婪地在我們皮膚上吸噬汗水。擁擠的車廂裡，我看見幾個黝黑的亞洲人，用越南話低聲聊天。雖然我聽不懂，但那聲音頻率勾勒出一個皺眉苦臉，不用翻譯，一定也在抱怨天氣吧。突然，我對朋友說：「我們轉車去小越南吧！我好想吃摸摸渣渣。」

我們的目的地其實叫做「東川中心」（Dong Xuan Center），「小越南」是我自己給的暱稱。那是柏林東邊 Lichtenberg 工業區的一個大型越南購物中心，根據河內著名的「東川市場」命名。Lichtenberg 其實是柏林治安不太好的城市角落，不少旅遊書甚至警告遊客「內有新納粹，非請勿入」。但就在一塊廢棄廠房圍繞的空地上，四個大型的鐵皮屋矗立，裡頭塞滿了越南商店，交易氣氛熱絡。柏林市政府一直都想盡辦法提升這一區的經濟活動，想

「東川中心」

不到「東川中心」意外成為這裡唯一的商業熱點。

在一九六〇年代，前東德引進越南勞工，他們飄洋過海當外勞，在陌生的共產社會的底層匍匐著。兩德統一後，絕大部分越南人都選擇留下來，因此成為柏林最大亞裔族群。城市裡的亞洲超市跟高掛「中國菜」的餐館，其實大部分都是越南人開設的，口味逃不過華人的品嚐，不甚道地。柏林絕大多數花店老闆也都是越南人，花藝不太出色，廉價為主。還有，許多捷運站出口都有越南人站崗，他們非法販賣走私香菸，神色警覺，警察一出現馬上沿計畫好的路線竄逃。兩德統一已經二十年，這些越南人還被留在社會底層。

「東川中心」是一個密度很高的越南商業社群，四個大型鐵皮屋裡，裝滿了各式各樣的批發商店，俗麗的廉價成

衣、橡膠味重的鞋子、豔麗的塑膠花、家庭理髮、越南食品超市林立，走進此地，到處都是越南文的大型廣告看板，遠近都是越南話，全然忘記自己身在柏林。

我喜歡來這裡，因為可以吃到非常道地的越南河粉還有顏色鮮豔的摸摸渣渣，幾家餐廳的菜單甚至根本沒德文，跟老闆比手畫腳半天，總是有美味的南洋風味上桌。除此之外，我也喜歡來看人，社會底層的人們雖然被邊緣化，但是卻有最旺盛的生命力，肢體充滿著故事。賣成衣的越南媽媽叉腰揮扇，跟前來殺價的客人周旋；炸了一早上春捲的廚師到屋後雜草叢生的空地去抽菸，他身上都是油汙，凝望著柏林天空不語；年輕的理髮師在鏡子前慢慢地補妝，腳邊一個仿冒的名牌包；剛放學的孩子用德文跟媽媽說今天學校的趣事，被媽媽罵「在家說越南話！」；幾個印度人租了店面，跟隔壁的越南人介紹

「東川中心」

手上的寶萊塢電影光碟；超市前一個老伯安靜地看著人群流動，四十年前他從越南出發時，怎會想到最後落腳處是一個鐵皮屋？

我們在沒有冷氣的鐵皮屋裡，開心地吃著越南菜，酸甜開胃，以熱帶食物呼應地球暖化。其實這裡總給我一種莫名的親近感，那些堆滿地的成衣很像五分埔，或者任何一個臺灣的傳統市場，生機勃勃。我們想要拍照，但都被快速拒絕，只好偷偷來。這裡有非法移民，也有越南黑幫，雖然不用擔心，但是亂拍照可能會惹來事端。在城市的邊緣之地，我們身上衣服有牌子、腳上鞋子的定價是他們家裡一個月的買菜錢，於是一眼被看穿，吃完河粉馬上被「東川中心」吐出，回到那個大家習慣的柏林。

我們在「東川中心」外面等電車，一個越南媽媽趁著等車空檔，監督小孩做功課。我想到德國現任的健康部長是越南裔，雖然他是被德國家庭收養，根本不會越南文，但有正面的指標性。根據研究，許多柏林中學裡，表現最優異的都是越南子弟。他們肩負上一代給的壓力，認真讀書，隨時準備離開「東川中心」這個被破爛廠房圍繞的邊緣之地，往主流飛奔。

這些越南人的故事在腦子裡盤旋，卡在齒縫裡的摸摸渣渣，此刻，帶點苦味。

咖哩香腸

夜半肚裡雷聲亂響，飢餓從體內敲門，趕跑睡意。我起身在冰箱裡找到一條德國香腸還有幾顆蒜醃橄欖，我頹喪坐在廚房地板上呼喊：「我好想好想吃鹽酥雞、蚵仔麵線、肉圓啊！」

隔天，我和住在臺北的德國朋友馬可斯用網路聊天，我滔滔說著我對臺灣小吃的思念，羨慕他下樓就有便利商店，巷口有涼麵攤。結果他用更多的哀嘆回應：「我才羨慕你，我多想念柏林的咖哩香腸啊！每次一想到，就好像失戀一樣。」我看著網路上大腸包小腸的照片，突然也有失戀的幻覺。都怪小吃這玩意，其包含著成長的味覺累積，鍾愛的那種地域性的特殊吃食，因為身處遙遠異國而不易食得，於是我們戀人般失落，偷偷躲起來大唱〈我願意〉，一曲哽咽獻給家鄉的那些小吃。

我們約好，馬可斯在臺北幫我吃肉圓，我在柏林幫他吃咖哩香腸，雙城記主角是小吃。

咖哩香腸是柏林最普遍的街頭菜餚，綜合小吃的特性，快速、廉價、味道強烈，站在街邊就可以跟各個階層的人挨蹭著吃食，是很有代表性的庶民小吃。一九四九年，厚依薇

我最喜歡的則是叫做 Fritz & Co. 的攤子，這家強調所有原物料都是來自有機農場，咖哩香腸配上炸薯條，鮮脆爽口不油膩。

女士（Herta Heuwer）隨意把醬料淋上煎好的香腸，灑上咖哩粉，馬上大受歡迎，成為二次世界大戰後德國最受歡迎的小吃。德國各地的咖哩香腸各異，醬料的成分與香腸的選取都有地域差別。柏林的咖哩香腸基本分為兩種，一種腸衣包裹，一種無腸衣，煎的酥脆金黃的香腸放上紙盤之後切塊，快意淋上每家攤子的獨家醬料，灑上黃色咖哩粉，用叉子食用。各國具代表性的小吃通常都味道濃烈，因為街邊解饞，沒時間品味細緻，於是要一口就撞擊口腔大腦，讓呼喊的胃腸閉嘴。咖哩香腸也有這特性，強烈的番茄醬料帶出香腸的芬芳，咖哩粉豐富咀嚼層次，老少都愛。

為了讓我們的雙城小吃對話更完整，我特地先去找厚依薇當初發明咖哩香腸的攤位遺址，問了許多人才在一家

亞洲超市旁找到很不顯眼的紀念牌，攤子早已消失在時光裡，只剩下牌子上寫著她的生卒年，以及發明咖哩香腸的美食貢獻。我喜歡這種城市地標，人逝事遠，至少還有一個角落銘刻傳奇。德國知名作家提姆（Uwe Timm）以她的故事為底本，寫了一本小說《咖哩香腸的發現》（*Die Entdeckung der Currywurst*），但城市背景換成漢堡。柏林甚至開設了一家「咖哩香腸博物館」，讓饕客一覽此小吃的歷史文化。

柏林到處都有咖哩香腸，但知名的不多。例如「十字山區」的「咖哩36」（Curry 36）就是傳奇老店，日夜不歇，隨時都有一堆客人排隊，馬可斯之前在柏林就是住這個攤子斜對面，有次半夜看到兩臺警車快速停在攤前，他猜不是攤子被搶就是顧客爭食香腸以致兇殺，結果原來是警察們飢腸轆轆，在路邊跟大家一起排隊等香腸。Konnopke's Imbiss 則是東柏林的老店，這家位於捷運U2線鐵軌正下方的攤子是許多前東德柏林人的集體美食記憶，最近因為捷運大整修必須歇業，結果引來市民不滿，抗議不斷，最後暫時先弄臺餐車讓大家可以繼續享用香腸，民怨才稍熄。

我最喜歡的則是叫做 Fritz & Co. 的攤子，這家強調所有原物料都是來自有機農場，咖哩香腸配上炸薯條，鮮脆爽口不油膩，店員們專業親切，邊吃香腸邊跟他們聊天，交換對政局的不滿、天氣的抱怨，庶民小吃之樂，盡在咀嚼中。

回家後，馬可斯傳來了肉圓的照片，他在城市遊盪許久，才找到標誌我的家鄉「彰化」的肉圓攤。也許是肉圓真的太美味，他吃下一口滑嫩，那個在攤子幫忙父母的女孩回頭看了他一眼，悶熱的臺北忽然下起小雨。雨中，他愛上了那個肉圓攤女孩。

我們的雙城記，也許，是一段戀曲的開端。

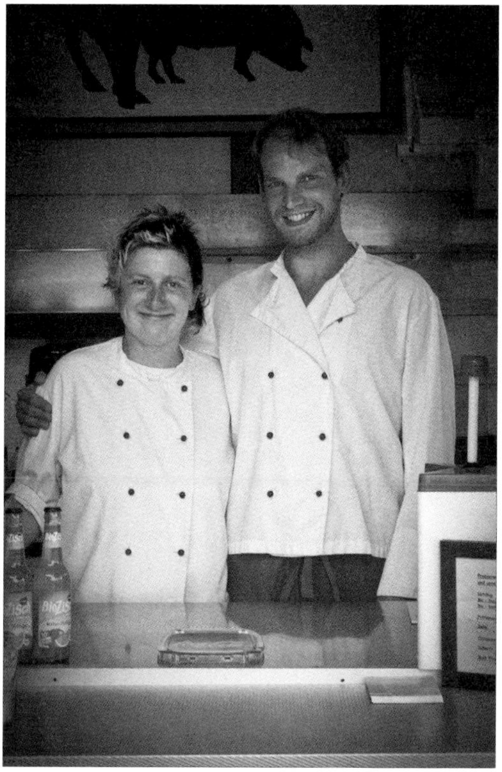

厚依薇女士隨意把醬料淋上煎好的香腸，灑上咖哩粉，馬上大受歡迎，成為二次世界大戰後德國最受歡迎的小吃。

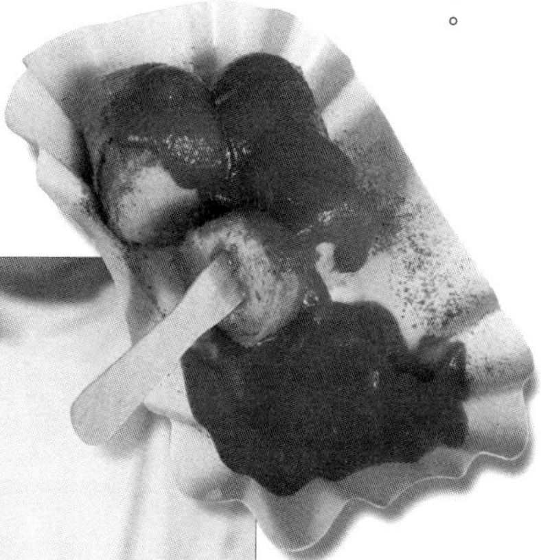

地鐵小姐

列車進站，月臺上的離去與抵達彼此擦身。耳朵瓶子集滿聲音：手風琴的琴音繚繞、廣播報出站名、碎石般的人語、醉漢砸碎啤酒瓶。這裡是柏林的捷運，沒有臺北或者高雄捷運那樣消毒過的乾淨，這裡可吃食飲酒，鐵軌上住著一家老鼠，塗鴉在牆上蔓延。這四通八達的捷運是帶針的管線，刺進城市所有角落，繁華或廢墟，都任你抵達或離去。

柏林的捷運系統稱為 BVG，由公車、U 地鐵（U-Bahn）、輕軌電車（Tram）以及渡輪組成，只要一張票，任何大眾運輸工具都可搭乘，也可搭乘德國國鐵的 S 車（S-Bahn）。進站沒有閘門，購票採誠實制，沒票也可以搭乘，但不時有埋伏在車廂裡的便衣查票人員突擊。

一九九九年夏天我第一次拜訪柏林，在日誌上畫下一個迷宮圖樣，寫下：「柏林首日，在複雜的地鐵裡迷路，彷彿有人在城市的地上地下翻轉麻花繩，我沿繩尋路，不斷絆倒，何時到達？」後來移居柏林，每天仰賴 BVG 移動，才停止絆倒的尷尬。我最愛在地鐵裡觀察人們，因

為有百萬面孔任我觀看，是不歇戲的劇場。

出發，入站。我走進街邊的地鐵開口，往地底去，迎面而來的，是賣私菸的越南年輕人，牆上的缺口藏著他一天的生計。一個女人跟我推銷她手上的票，許多城市邊緣人在地鐵裡跟旅客索取用完但還有時效的票，轉手賣給下一個客人。我對著二手票女人搖頭微笑，她手臂上的刺青鮮豔地對我比中指。有音樂，一個小提琴手正拉著莫札特，地上的琴盒張開嘴，等路過的人給點激賞。我想起好友亦琪，她與她的手風琴，一起從柏林搬回臺灣了。回臺灣前，她去申請了一張表演證，選了地鐵角落，開始反覆彈奏口袋裡的五首熟練曲目。一天的表演證為六．六歐元，她在原地彈了五個小時，得到十八歐元的陌生人激賞。我走進月臺，抬頭，螢幕上預告五分鐘後車會進站，椅子被流浪漢霸佔，一對情侶正在拌嘴。牽狗的主人專心讀書，腳邊的狗安靜不吠，搖尾呼應我的凝視。車來了，大家帶著各自的故事上車，一起往前搖晃，短暫同舟，然後各自完成彼此的抵達。

我的目的地：Görlitzer Bahnhof，那裡旁邊的廣場，今天要舉辦第一屆的「地鐵小姐」（Miss U-Bahn）。主辦單位找來設計師與模特兒，每一組代表一站地鐵，用服裝與姿態來展現那站地鐵的特色。這個比賽跟許多選美一樣，以泳裝、晚禮服與機智問答來決定勝負，但是進行的

過程卻非常另類，戲謔玩樂，大膽反骨。雖然選的是「小姐」，但參賽者卻有兩個是高大的男人，一起濃妝豔抹，用高跟鞋踢掉性別圍牆。參賽者不是乾瘦的金髮模特兒，而是腰間有五花肉、腿上有橘皮組織、背上有青春痘的平凡人，不分種族，大家一起來重新建立新的女性美學。他／她們穿上誇張的服飾在廣場上走臺步，展演自信，這裡是柏林，女生不用打扮成粉紅公主才算女生，女生可以氣概萬千，大方醜怪，以姿態詮釋自己代表的車站。最後，以復古風情詮釋上世紀初柏林風華的「波茨坦廣場小姐」（Miss Potsdamer Platz）勇奪后冠，廣場上滿滿的人潮放肆歡呼，第一屆「地鐵小姐」誕生。

我面前的這些參賽者，她們的確可以代表地鐵啊！那些爬滿塗鴉的牆壁、髒兮兮的車廂、可喧嘩吃食的車站，就跟這些自信擺動肢體的參賽者一樣，拒絕保守，不願粉嫩造做，不需消毒無塵，只要勃發的生命力。

來，耳朵打開，喉嚨張開，身體拉開，我們上車。在柏林，請勿攜帶印滿商標的名牌包，這裡不崇拜名媛富貴，在這裡，請做自己。有自信有勇氣的，不盲從不畏懼的，都是柏林，都是「地鐵小姐」。

地鐵小姐選拔大賽，「波茨坦廣場小姐」勇奪后冠。

柏林 SO 36

朋友海納被診斷出罹患癌症，醫生說，他只剩幾個月的壽命。他發了一封電子郵件給家人朋友，說明自己的病情，然後隔天就飛到印度去。幾個月後，我突然收到他的邀請函，我把他潦草的字跡緊緊握在手裡，心裡想，寫住址還這麼有力道，那表示還活著啊。

邀請函上寫著：「我從印度回來柏林了，請帶啤酒來聽我說故事。但請勿帶相機。」

海納住在「十字山區」，就在所謂的「柏林 SO 36」的中心點上。「柏林 SO 36」是這一

區特有的道地風情，SO 代表此區位於柏林東南，36 則是此地舊時的郵遞區號，這裡失業率高，居民主要是左派另類人士與土耳其移民，SO 36 的生活是反資本主義與反歧視，自由至上。這裡清真寺與搖滾龐克共存，夜店酒吧林立，觀光客遠道而來，體驗這種柏林專屬的自由。

柏林圍牆倒塌之前，居住西柏林的男性可免兵役，於是二十歲的海納開著一輛破福斯汽車，一路從斯徒加特到柏林，逃避了兵役，在「十字山區」的破爛公寓開始新人生。在這裡，他每天和一群朋友喝酒談哲學，夢想有一天能開一家酒吧，逼酒客聽他彈吉他唱歌。他青春恣意動盪，結婚離婚，參與學運、街頭反戰、防治愛滋運動、剷除新納粹，聽他提當年勇，彷彿聆聽德國近代史。柏林圍牆倒塌後，他開始小劇場舞臺設計的工作，收入依然微薄，但這裡是 SO 36，窮人不被歧視，拋棄理想的人才該搬走。有一次他在舞臺上用小熊軟糖堆成一道柏林圍牆，演員們每說一次臺詞，就咬一口圍牆，最後觀眾也被邀上臺吃掉圍牆。他說：「那真是劇場的美好魔幻時刻啊，大家跳著舞、唱著歌，把圍牆一口一口吃掉。」

我扛著半打啤酒，按下海納的電鈴。走上樓梯，我就聽見

柏林「十字山區」著名的塗鴉

重節奏的搖滾樂，還有澎湃的人聲。我走進公寓，裡頭已經滿滿都是客人，大家圍著海納，聽他說印度的冒險。他一看到我就大叫：「不准拍照！iPhone 收起來！」

他好瘦，啤酒肚被他留在印度了，兩頰峽谷凹陷。他的印度故事裡，有大象、野牛、恆河、荒野裡教他冥想的和尚。他說，他一聽到醫生宣判死刑，不知為何，竟然有種莫名的篤定。誰都不知道自己什麼時候離開人世，但他卻有現代醫學背書，倒數如此確定，於是可以放手了。印度是他一直都想去的地方，說走就走，他不要人生最後幾個月在化療裡度過。

但是他總是想到柏林，這個「十字山區」裡的舊公寓。有一天晚上他身體極度不適，死亡在身體裡威脅倒數，他看著滿天星星，跟自己說，如果活過今晚，就要回到柏林。

隔天，金色的朝陽躺在他身上，他感覺無病無痛，彷彿活躍的癌細胞都被太陽曬乾了。他馬上啟程，回家的路上，他發現從柏林帶來的衣服都好大，他把一切憂慮都丟棄，回家的姿態如此輕盈。

他穿上大衣，要大家一起出去附近散步。他說突然好想吃「漢堡大師」（Burgermeister），大夥一路笑鬧，三月依然凍寒，但陽光溫暖，催化著我們的食慾。「漢堡大師」是附近一家知名的街頭小攤，位於地鐵 Schlesisches Tor 鐵軌下方，原本是個公共男廁，但被店主改裝成漢堡店，每天生意興隆。我也很愛這家的漢堡，多汁美味，在男廁裡大啖漢堡，夠另類，夠 SO 36。這附近也開了一家麥當勞，但美式資本經營與這裡格格不入，要吃漢堡還是來男廁，聽身旁食客高談政治時事，或者觀看醉醺醺的年輕人邊吃

「漢堡大師」是附近一家知名的街頭小攤，位於地鐵 Schlesisches Tor 鐵軌下方，原本是個公共男廁，但被店主改裝成漢堡店。

漢堡邊毫無由來地大笑，這才是毫不做作的庶民小吃啊。

在「漢堡大師」，海納突然說：「今天，是我的喪禮預演。我不要鮮花蠟燭，我只要搖滾樂。來參加我的喪禮的人都要大口吃肉，大聲唱歌。我不要你們記住我現在這個樣子，記不記得我以前的肥肚？那才是真正的海納。」

我低頭吃漢堡，怕紅眼眶被海納看見。「十字山區」的海納，SO 36的海納，吃漢堡的海納，我，都牢牢記住了。

橘色打掃龍

週日柏林舉辦龍舟大賽，臺灣僑胞組了名為「臺灣龍」的隊伍參賽，我和許多僑胞前往加油。其實德國人舉辦龍舟比賽，大部分根本不知典故，所以在中秋時分划龍舟，反而有一種節慶誤植的趣味。參賽團體大多是民間運動俱樂部，或者由公司行號組成的隊伍。其中一支隊伍特別吸引我的目光，他們身上的橘色背心非常具有辨識性，柏林人一看就知道，這支隊伍一定是來自「柏林城市清潔」公司（BSR），而他們的隊名就叫做「打掃龍」（Putzdrachen）。

「柏林城市清潔」負責整個柏林市的清潔工作，街道打掃、家庭垃圾處理、垃圾回收等全都包辦。橘色就是這家公司的形象顏色，員工制服、街上的垃圾桶到垃圾車全部都是橘色。而「打掃龍」這個德文字的意思就是「有潔癖、愛打掃的人」，以這樣的隊名參加龍舟比賽，貼切幽默。「打掃龍」成立於二〇〇二年，成員全都是「柏林城市清潔」的員工，每年到處參加龍舟比賽，重點不在名次，而是讓這些城市裡的無名英雄能積極地參與民間活動，與城市脈動，以橘色為名，以橘色為傲。

是的，柏林的清潔工，可以驕傲。

最新的廣告則是訴求環保，強調「柏林城市清潔」焚化垃圾，同時發電，讓垃圾也有綠色價值。

Heiße Ware
Aus Abfall gewinnen wir Wärme für 35.000 Haushalte
BSR
So grün ist nur Orange
BSR
Kundenbetreuung

人的成長過程當中，總是會不斷地被逼問夢想：「你長大後要做什麼？」我們在家人的期待中把「醫生」、「老師」、「明星」列入選項，「清潔工」似乎太底層，與垃圾為伍不夠體面，沒有資格與夢想沾上邊。但這世界絕不是只靠光鮮亮麗的人們才能運轉，有更多的職業選項，雖然沒有高薪也無名，與世俗的期待有所背離，但卻依然正當、專業，而且沒有他們，一個社會一定崩毀。我清晨出門慢跑，總是會遇見橘色的卡車挨家挨戶收垃圾，穿著橘色制服的清潔工輕聲地走進每棟樓的後院，揮汗工作。晏起的人們看不見這些橘色身影，刮風下雪都無阻，收掉我們製造的骯髒，吸納我們丟棄的臭味。

為了讓人們多注意這些無名橘色英雄，「柏林城市清潔」製作了一系列的形象廣告，以幽默的創意，提醒人們「橘色」的重要。例如一個形象廣告當中，巨人身形的橘色清潔工正在擦亮柏林電視塔，標語寫著：「如同在家裡。只是大多了。」旨在提醒人們，我們稱為「家」的這個都市，沒有這些橘色英雄，就沒有乾淨的環境可居住。這些廣告出現在各大看板，非常成功地打出正面形象，戳破人們狹隘的想像，讓橘色人物鮮明生動，不再骯髒汙穢。「柏林城市清潔」的官方網站甚至販賣著橘色商品，有垃圾車模型、汗衫、背包、馬克杯，穿上橘色可時尚，與垃圾為伍不丟臉。最新的廣告則是訴求環保，強調「柏

這支隊伍一定是來自「柏林城市清潔」公司，而他們的隊名就叫做「打掃龍」。

林城市清潔」焚化垃圾，同時發電，讓垃圾也有綠色價值。

我大學的美國教授康慕婷博士（Dr. Margarette Connor）離開臺灣多年，她總是記得每晚垃圾車大聲放送的〈給艾莉絲〉，這音樂能短暫掩埋其他城市的噪音，讓人們放下手邊的事，提著垃圾往樓下飛奔。她當然也記得許多臺灣的美好，但這音階太準時、太重要，於是在記憶裡定居。垃圾是我們的排放、生命的多餘，需要清潔工的準時出現，城市才能繼續運轉。〈給艾莉絲〉真的很吵，但，我們需要聆聽。

「打掃龍」展現了團隊合作，以一整個船身的領先幅度，在分組比賽當中奪得第一。我和朋友在湖邊為「臺灣龍」加油，也為「打掃龍」加油。「打掃龍」的橘色背心在陽光下發光，我的記憶此時點播了臺灣垃圾車版的〈給艾莉絲〉。橘色配上震耳的音樂，這樣的鮮豔，這樣的分貝，睜眼撐耳，我確實看見了這些無名英雄的面目。他們如同你我，有夢想，活在同一座都市裡。

傲慢與偏見呢？丟了，燒了，拿去發電了。

柏林起飛

一、起飛

一八九六年八月九日，晴天。德國飛行先驅奧托・利林塔爾（Otto Lilienthal）準備爬上山丘，進行他另一次的飛行試驗。往山丘頂端的路上，溫熱的風鑽進他的鬍鬚，陽光在他額頭擰出汗水。

他自己大概也算不清，這到底是第幾次試驗了。那幾年，他不斷用自己設計製造的滑翔飛行器，親身實驗人類飛行的可能。他在柏林建造了一座人工山丘，以利滑翔實驗。有時，他爬上天然的山丘，把自己交給風，交給天空，只為了飛翔。此時，他已經國際知名，他飛行的故事被廣泛報導，許多人等待著他成功的那一天。

站在山頂，他把自己固定在飛行器上，遠眺。這次會

飛行先驅奧托・利林塔爾紀念碑

不會成功呢？飛翔一直是人類的夢想，那種在風上走鋼索的挑戰，他要用科學去實現。

一陣風吹來，催促著他。他加速，身體掙脫地心引力的拉扯，離開地面。他要飛去哪裡？飛行器尚未成熟，方向難以控制，但他知道，目的地是天空，那裡無疆無界，等著人類去拓荒。

二、傳奇

帶著風箏，穿上直排輪，我來到柏林Tempelhof機場，享受難得放晴的秋日。這座機場於二〇〇八年正式停用，今年市府把整個停機坪、起飛跑道開放給市民使用，成為一座巨大的休憩公園。那些候機室、機場硬體建築，則變成多功能場地，我在裡面看過藝術展覽、劇場表演以及搖滾演唱會。

早在一九〇九年，萊特兄弟的奧維爾・萊特（Orville Wright）就在這裡做過飛行示範。正式建立機場後，成為世界上機場的先驅之一，德國漢莎航空就在此建立。之後的一整個世紀，這座機場註定傳奇：世界大戰期間，這裡是重要納粹空軍基地；戰後柏林分裂，一九四八年

設計給飛機起飛的跑道，如今讓市民恣意使用。我在上面溜直排輪，可以直線加速，完全沒有阻擋。

前蘇聯封鎖西柏林，西方盟軍就以此機場為起降點，每天運送生活物資進西柏林，讓西柏林不被共產鐵幕吞噬；冷戰期間，美軍以此為重要駐地，與前蘇聯對抗。一世紀的歷史終於熄燈，留下巨大的開闊空間，讓市民免費使用。

這裡的遼闊，對於城市人簡直奢侈，設計給飛機起飛的跑道，如今讓市民恣意使用。我在上面溜直排輪，可以直線加速，完全沒有阻擋，風撐開我的袖子，快速滑動裡，我有即將起飛的錯覺。在這裡，我也第一次學習使用陸上拖曳傘，風力鼓動拖曳傘，腳下的滑板急速往前，這廢棄的機場似乎無邊際，我決定不設目的，讓風決定我的方向。身邊，風箏翻飛，孩子們笑著奔跑，競速腳踏車呼嘯，慢跑者大聲跟著iPod唱歌，草地上有一家人正在野餐，正因為空間太大，所以容許這些活動同時並置，不會對撞。

傳奇熄燈後，歷史場景的大門打開了，請進。

Tempelhof 機場於二〇〇八年正式停用，今年市府把整個停機坪、起飛跑道開放給市民使用，成為一座巨大的休憩公園。

三、降落

那天，奧托・利林塔爾的飛行器，在熱對流當中失控，從十幾公尺墜落。他脊椎斷裂，隔天就去世了。那個當年他建立的柏林山丘還在，一個紀念碑矗立在山丘頂，給一個當時未成真的夢想，一個永遠的位置。

雖然失敗，但是他的試驗，依然影響了萊特兄弟。不久後，人類終於駕馭天空。

我在機場跑道上看日落，收回手上的風箏。柏林就站在我身旁，他剛剛降落，準備跟我去吃晚餐。明天，他將跟三百萬居民一起醒來，再度起飛。

好人街上反新納粹

一九九二年十一月二十一日，極右派新納粹（Neo-Nazi）份子發動攻擊，在柏林地鐵站「好人街」（Samariterstr.）與左派份子爆發衝突，年僅二十七歲的席爾維歐・麥爾（Silvio Meier）不敵新納粹，傷重不治。我在兩年前的四月搬到了目前的住處，家門口就是「好人街」的地鐵入口。直到十一月，站內突然出現了蠟燭與鮮花，我才發現牆上有個小小的紀念碑，上面寫著：「勿原諒！勿遺忘！席爾維歐・麥爾在此地被法西斯份子謀殺了。」

希特勒戰敗後，排外的納粹主義並沒有徹底潰敗，新納粹一直在歐洲各國存在，極右派份子信奉希特勒的激進民族主義，結黨滋事。一九八九年柏林圍牆倒塌，隨後東西德統一，德東地區因為高失業率，新納粹開始壯大，吸收了許多憤怒的年輕人，到處攻擊外國人，也和左派人士對嗆，席爾維歐・麥爾就在那個騷動的時刻和新納粹正面遇上，成了代表性的犧牲者。每年他的逝世紀念日，反新納粹的民間組織就會在「好人街」舉辦抗議遊行，集結人民的力量，大聲對種族歧視、排外主義說不。

今年我首次參加了這個示威，從我家的陽臺往下看，可以看到黑壓壓的人群，從四面

1	
2	4
3	

1.、4. 好人街上的反新納粹遊行
2. 遊行海報
3. 席爾維歐・麥爾紀念碑（陳思宏拍攝）

POLIZEI
2321

GEDENKEN AN DEN VON FASCHISTEN ERMORDETEN SILVIO MEIER
KAMPF DEN NAZIS –
KAMPF DEM STAAT!
ANTIFASCHISTISCHE AKTION
GEMEINSAM FÜR EINE GESELLSCHAFT OHNE RASSISMUS UND UNTERDRÜCKUNG *
SILVIO-MEIER-DEMO 20. NOVEMBER 2010
15 UHR | BERLIN | U-BHF. SAMARITERSTR.
* WWW.SILVIOMEIER.DE.VU * WWW.ANTIFA.DE * WWW.SIEMPRE-ANTIFA.TK *

KEIN VERGEBEN!
KEIN VERGESSEN!
hier wurde
SILVIO MEIER
am 21. November 1992

Rathaus Passage
Friedrichshain

八方聚集在「好人街」，大家都約好一身黑，三千人形成黑色的集體憤怒。德國統一已經二十年，雖然社會穩定發展，但新納粹卻是揮之不去的隱憂。十一月四日發刊的《明星》（*Stern*）雜誌，就報導了德國足球場邊，一直有新納粹份子存在，他們夾雜在球迷之間，做出向希特勒致敬的手勢，高舉新納粹標語，而且為數不少。我自己身為外國人，對這種極端主義特別敏感，不僅擔心自身安全，更對這種毫無理性的偏激行為感到憤怒。於是，我今年決定加入遊行，表達我的不滿。

我走向人群時，發現有不少社區裡的父母都推著娃娃車加入遊行，小朋友們今天不穿繽紛童裝，也一身黑。遊行卡車大聲播放節奏強烈的歌曲，歌詞裡出現了抗議的關鍵字「多元社會」、「愛」、「拋棄仇恨」。主持人用麥克風說出訴求，民宅的屋頂上出現拿火炬的人，大型旗幟上寫著「記得就是反抗」（Remembering Means Fighting），請大家記得席爾維歐・麥爾，請勿姑息新納粹。我似乎是遊行隊伍裡唯一的亞洲面孔，於是許多人過來與我攀談，一個牽著小孩的媽媽跟我說，幾個月前，她家門口竟然出現了納粹標誌塗鴉，上面還寫「猶太人跟外國人滾蛋」，她與社區的家長們開會決定，帶著小孩一起去把塗鴉洗掉。她說，她不要小孩生長在一個排外的社會，說什麼也要帶小孩來參加遊行。

我在遊行隊伍當中，不禁想到了此刻臺灣社會出現的「反韓」情緒。因為一個體育事件，網路上出現了龐大的民族主義情緒，髒話出籠，穢語蔓延。議員燒韓國國旗，還發記者來拍攝，主流媒體教民眾怎麼用韓語罵髒話，韓國學校被蛋洗，政府官員說「想用刀砍人」。我看著這些激動的言論，膽顫心驚。體育事件公平與否，絕對可以理性抗議。但激進的種族言論，砍到的，到底是誰？

我們，原來是用仇恨教孩子嗎？我如此想像一個理想的社會：小學班級裡，有些同學是原住民，有的媽媽是越南人，大家看到彼此的膚色都自動「色盲」，玩在一起，吃在一起，成長不分族群。這些，是下一代的臺灣人。但，當孩子們看到大人失去理性，直接推斷他國皆鄙，國族、語言、差異，忽然都在孩子眼中，張牙舞爪了起來。

我繼續跟著隊伍走，前方一個非洲爸爸，帶著三個小孩，在隊伍裡跟著音樂舞動身體。我也跟著舞動，聽著孩子們的笑聲，胸腔突然暖暖的。那笑聲沒有膚色不論輸贏，人們不需要字典，一定能聽懂那笑聲裡的關鍵字：包容、多元。那是隊伍裡，最有力道的抗議。

主持人用麥克風說出訴求，民宅的屋頂上出現拿火炬的人，大型旗幟上寫著「記得就是反抗」，請大家記得席爾維歐・麥爾，請勿姑息新納粹。

父親

在Stargarder街上，我騎著腳踏車，偷偷跟蹤一對父子。一臺裝有輪子的行動娃娃車接在父親的腳踏車後頭，跟著父親穿越繁忙車流。行動娃娃車兩邊裝了安穩的大輪子，上面有遮雨棚、還有紅色旗幟，提醒附近人車：一個孩子就坐在裡頭，請在心裡默唸小心。坐在娃娃車裡頭的孩子手中緊緊抓著鮮黃色的氣球，迎風舞動。奮力往前騎的父親，一路上不斷用手指所有物件，然後大聲對著身後的孩子說出物件之名：「咖啡館！卡車！車站！狗！超級市場！有機商店！太陽！天文館！」尾隨在後的我看不見娃娃車裡孩子的模樣，但聽得到他的笑聲，咯咯笑聲裡，夾雜著不慎標準的物件名稱複誦。父親把名稱拋向物件，讓孩子把名稱與物件做連結。這是孩子初識這世界的方式，牙牙學語，為所見事物命名，點滴建立自我小宇宙。父親的語調驕傲，名稱撞上物件之後反彈，在街道上迴響，讓我不禁跟著複誦。父親突然左轉，甩掉我的跟蹤：「寶貝，我們快到家啦。」

這裡是柏林Prenzlauer Berg，據說是全柏林生育率最高的區域。我剛來柏林時就住在這裡，左右鄰居大多是三十到四十歲的夫婦，幾乎都生了小孩，公寓大樓裡時常聽到嬰兒哭聲。在這一區行走，的確很容易看見許多推著娃娃車的父母在街上散步。咖啡館裡、公園裡都是小孩的玩樂聲，童裝、孕婦裝店林立。這區的父母打扮時尚，信奉有機飲食，大多擁有不錯的教育背景與職業。好像一夕之間，大家約好似地，家家戶戶全都生了小孩。日本的福島核災讓德國人徹底檢討能源政策，反核單位動員大遊行，Prenzlauer Berg 的父母幾乎全部出動，孩子大一點的就用牽手用走的，還小的就放進這種掛在腳踏車後的娃娃車（德文叫做 Kindercaddie，也有一種置於前方，跟腳踏車一體），全家大小一起上街去反核。

但如果去調閱官方統計數字，會發現這區生育率其實並不突出，並沒有所謂的「嬰兒潮」。但這區的父母有許多相同的特性，大多年輕、專業，週末時群聚在咖啡館裡討論教養事宜，孩子們咖啡館旁邊的公園群集嬉戲，聲勢壯大，的確讓人有子嗣昌盛的錯覺。我在這區的朋友，也都是年過三十，夫妻都有工作，穩定之後，才生養一到兩個小孩。每次跟這群媽媽們聚會，無論是歌手、生化科技經理、記者、作家，全都急著分享手機裡的小孩照片，最新的話題都是如何讓小孩被知名私立

學校錄取，以及夏天的時候，全家要去哪個熱帶小島看海龜。這些小孩們從小接受良好教育、喝有機奶粉長大、跟著父母到處旅行，有些甚至三個語言切換自如，讓我很驚駭。

我這個沒有生養小孩的人，似乎快跟不上同輩成長的速度了。臉書上，許多跟我同年的朋友，都開始貼出生兒育女的父母經，大頭照換成寶貝的可愛模樣，懷孕超音波的圖片引來無數的「讚」。而我，在網路上分享的圖片是度假的自拍照、餐廳的美食照，那種夜半與孩子啼哭周旋的人生體驗，我沒機會嘗。在街上跟蹤那對父子時，我的投射是在那臺娃娃車上，我完全沒想過把自己放在腳踏車座位上、牽拉著一個小生命的可能性。其實三十幾歲很適合生養後代，父母個性、職業趨近穩定，放肆過了，流浪過了，於是在面對新生命的時刻，甘心安定。但我還是個孩子，急躁沒耐性，貪玩無定性，我怎麼可能為人父，怎麼把這個世界指給孩子看？

我想起另外兩個我在 Prenzlauer Berg 遇見的父親，龐克與酷哥。

有一次在 Schönhauser Allee 站上地鐵，我對面坐著一對父子，正在開心地交談。父親是個龐克打扮的清瘦年輕人，頭髮用強力髮膠定型成尖錐，身上許多刺青，金屬環穿滿兩耳。龐克父親身旁的小男孩看到所有的物件，都急於展現他的學習成果，大聲叫著：「椅子！窗戶！

鳥！樹！」地鐵位於一座橋下，他指著橋說：「隧道！」結果旁邊有一個年紀稍長的小女孩聽了迅速糾正他：「不，這是橋，不是隧道。」兩個小孩於是對峙，誰都不讓。小男孩轉向龐克父親說：「爸爸，這是隧道，對不對？」龐克父親往窗外看，對著小男孩說：「她是對的，這是橋。」小女孩開心地對媽媽宣示勝利：「我是對的！」小男孩眉頭一皺，淚水馬上塞滿眼眶，龐克爸爸迅速地抱住他說：「沒關係，其實這看起來，真的有點像隧道啊。」小男孩在父親懷裡小聲哭泣，父親沒多說什麼，就是微笑緊緊抱著他。

另外一次，我經過一所幼稚園，剛好放學時分，許多家長等著接小孩。我注意到一個光頭的戴墨鏡健壯酷哥，蹲在一旁抽菸。突然一個小女孩從幼稚園跑出來，衝向這位看起來很像是職業保鏢或者黑道混混的酷哥，叉腰斥責：「爸爸不可以抽菸！」酷哥一臉愧咎趕緊把香菸踩在地上，結果又換來小女孩的責罵：「不可以亂丟！」酷哥趕緊把菸蒂撿起來，丟進垃圾桶，像個小孩子道歉：「對不起……但我可以跟妳保證，我今天沒喝酒喔。」小女孩開心地把身上的粉紅色背包丟給酷哥，牽起他的手，往地鐵站走去。我看著酷哥的背影，覺得粉紅色的小背包置放在那刺青魁梧的身體上，分明錯置。

龐克與酷哥，以最粗淺的外表論斷，也許都不是所謂的「好」父親。

龐克一身叛逆，酷哥抽菸喝酒，以世俗眼光判斷，都不符合「規定」。但龐克的小男孩乾淨白胖，對世界充滿好奇，笑哭都不壓抑，與父親肢體親密，應該是在有愛的環境裡長大。龐克父親雖然外表離經叛道，但看小兒子的眼神非常溫柔，就是慈愛父親的表情。酷哥被女兒盯上了，身上的大塊硬肌肉，碰到女兒的管教，都不得不柔軟，連小粉紅背包也要甘心背著。總有些許所謂的「缺失」，但兩位都是父親，抱著、牽著自己的小孩，沒有放手。

我自己的父親，是個情感壓抑的父親，一生努力工作，用勞力換取一家的安穩。我有七個姊姊，一個哥哥，我是排行第九的老么，九個彰化鄉下的小孩，都因為我父親的勤奮，才能順利長大。我二十一歲那年春天，在彰化基督教醫院，我走進父親的病房，他看到我，叫了一聲：「思宏。」他一生勞碌，擅於藏匿情感，但那一刻，承受肝癌末期極大痛楚的他，眼神、聲音，都是柔軟的，焦距在我身上。於是我確定，雖然我們關係疏離，但我的父親，一直都看著我。

隔天，父親就走了。

這些年來，我透過柏林的慈善機構，「領養」了一個東南亞國家的小孩。每個月，一筆小錢會從我的戶頭離開，旅行去他方，讓遠方的那位男孩，有飯吃，有錢買文具。偶爾，我會接到他的照片，還有他寫的信。但這不代表我終成父者，對那位男孩來說，我其實只是一個陌生人。但，這是我少有的成人時刻，代表我有些許能力付出，稍微像個大人。

腳踏車上的父親、地鐵裡的龐克、幼稚園前的酷哥，都是柏林 Prenzlauer Berg 的父親。他們繼續把這個世界，指給他們的孩子看。

在 Stargarder 街上，我騎著腳踏車，偷偷跟蹤一對父子。（陳思宏拍攝）

柏林土耳其

韓國好友趙成姬過生日，寄來邀請卡，她在柏林知名的「一千酒吧」（Bar Tausend）設宴，邀我前往。她大概知道我怕昂貴菜單，特地用手寫了一行字：「我買單，別找藉口拒絕。」「一千酒吧」是間隱密的餐廳，位於火車鐵軌下方的建築物裡，沒任何招牌，訪客必須在鐵灰色的門邊找到小門鈴，才能得其門而入。裡頭有非常美味的韓國、日本風味晚餐，還有精采的現場樂團表演，每晚都聚集了不少時尚男女。成姬是成功的商場女強人，賓客都是我不認識的成功女性，律師、記者、歌手、演員、作家。我們聊到不同文化處理誕生、死亡的各種儀式，一位輪廓深的女性說：「我死過一次，我知道死亡的味道、聲音。」

我再度仔細地看了她臉龐，終於認出她來。她是知名的土耳其裔女性主義者塞然・阿帖胥（Seyran Ates）。

阿帖胥生於伊斯坦堡，父親是庫德人、母親是土耳其人。六歲時她來到柏林，在傳統的穆斯林家庭中長大。一九八四年，她在一家專門協助土耳其女性的機構工作，正在協助一位受到家暴的土耳其女性時，這位土耳其女性的丈夫衝進來，用槍殺了他老婆，然後瞄準阿帖胥，子彈穿過她的脖子。阿帖胥回憶這個震驚當時社會的槍擊事件，她喝了一口紅酒，淡淡地說：「我浮在半空中，往下看，看到自己躺在血裡。」

這個暴力事件沒有阻止她前進，她完成學業，成為律師，長期為德國的土耳其裔女性奔走。二〇〇六年，她協助一位土耳其女性與丈夫離婚時，遭到圍毆。她復原後，為了保護家人，她決定離開大眾目光，退隱家中，專事寫作。她不戴頭巾，是單親媽媽、暢銷作家，言論挑戰禁忌，與德國政治圈關係密切。我數次在電視專訪上看到她的身影，想不到竟然就遇見她。

一九六〇與一九七〇年代，前西德經濟起飛，從土耳其大量引進勞工。如今，柏林有二十五萬到三十萬之間的土耳其裔人口，是此地最大的少數族裔。土耳其在柏林自成社群，讓許多柏林城市角落絲毫沒有所謂的「德國風情」，例如著名的卡爾・馬克思街（Karl Marx Str.），整條街都是土耳其商店，戴頭巾的婦女穿梭其中，耳邊傳來的都是土耳其語。但穆斯林的教義、女性的地位、對同志的絕對不友善，都與德國社會發展有衝突。德國人與土耳其人在這城市共同生活著，表面和平友善尊重，但其實之間的交流大多只限於水果攤的買賣、餐廳的交談、計程車裡交代目的地，族群並不開放融合。

土耳其女性在這樣的文化交會點上，常常就扮演了最無奈的角色。她們接受開放的德國教育，學習成為獨立的女性，但是回到家，卻必須扮演

柏林的土耳其婦女。背景就是柏林著名的城市塗鴉。

柔順女兒的角色，接受父執輩的一切安排。電影《陌生人》（*Die Fremde*）就把這個德國社會的禁忌議題拍成電影，讓觀眾直視土耳其女性在德國社會的掙扎。電影裡，從小在柏林長大的女主角被安排嫁回土耳其，經歷幾番家暴之後，她帶著兒子逃離土耳其，回到柏林。想不到，原生家庭並不接受她的叛逆，逼她回去面對婚姻，最後她再度脫逃，離開家庭獨立撫養兒子，並與德國白人相戀。她的叛逆，在土耳其社群成為醜聞，於是她的父親派她的親生弟弟，前去槍殺她，捍衛家族的「榮譽」……

電影的駭人故事，不是虛構，而是真實上演的柏林社會案件。柏林有數個女性收容所，專門為土耳其女性所設，協助她們離開原生家庭之後，能夠在安全的環境裡，自力更生。

我生活在這個都市裡，每天都與土耳其人有淺淺接觸，我也很愛吃土耳其菜，但從來沒機會跟任何一位土耳其人好好聊天。騎單車在城市裡探險，要是發現一整條街的陽臺都裝設了衛星碟子，就知道這是土耳其社區了，許多土耳其家庭甚至把家裡小孩照片貼在衛星碟子上。這些碟子是他們用來傾聽家鄉的耳朵，打開電視，接收到土耳其節目，桌上是土耳其菜，交談只用土耳其語，這裡是柏林，同時也是伊斯坦堡。

阿帖胥至今仍受到警方保護，不輕易在公開場合露面。她不斷出書，用筆督促改革，為穆斯林女性爭取更多空間。監獄可囚禁民主，槍枝可讓女性住嘴，拳頭可換來求饒。但請注意那些在冤獄裡、槍口下死裡逃生的人們。因為死亡的味道在嘴裡咀嚼過了，於是無畏懼。於是，成鬥士。

騎單車在城市裡探險，要是發現一整條街的陽臺都裝設了衛星碟子，就知道這是土耳其社區了。

都是柏林人

好友卡爾斯登正在組成抗議團，時間緊迫，問我要不要加入。他幾天前去看牙醫，在躺椅上被女牙醫拒絕診療，女牙醫對他說：「像你們這種人，應該去看特別的牙醫。我無法處理愛滋病患。」卡爾斯登平常是個脾氣火爆、心直口快的柏林人，但在診療躺椅上張嘴躺平的脆弱姿態竟然讓他砲火熄滅，他還沒搞清楚狀況就被牙醫請出門，完全沒回嘴。

他站在牙醫門口許久，才發現自己竟然遇見了醫療歧視，馬上決定號召抗議，把恐龍醫生趕出社區。

他預計抗議的時間剛好我沒空，但為了表示支持，我到他家去幫忙製作標語。我問他，為何這個女牙醫直接擲出同志標籤？又為何她斷定病患有愛滋病？旁邊的有人用手肘頂，示意我看看卡爾斯丁的穿著，他年過五十，卻一身肌肉，花了很多時間保持身段，身上的衣服常有彩虹圖樣，腳下那雙夾腳拖鞋的定價是很多柏林人一個月的房租。看來，女牙醫常看電視，於是複製了刻板的男同志印象，直接以目測判斷。而女牙醫犯的最大錯誤就是，把同志與愛滋病畫上等號，拒絕服務同志病患。事實上，卡爾斯登很健康，只是因為牙痛就一頭撞上歧視，女牙醫身處同志人口眾多的柏林，這次絕對踩到地雷。

2008 年 5 月，向納粹期間被迫害的同志族群致敬的紀念碑，終於在柏林落成揭幕。這個紀念碑就位在動物公園裡，線條堅硬的灰色立方體裡，有一小個開口，開口裡不斷播放影片，裡頭一對忘情親吻的同志戀人，用親吻抵抗偏見洪流。

來幫忙製作標語的朋友不斷湧入，許多人帶來蛋糕點心，抗議行前準備變成歡樂派對，卡爾斯登在男友的鋼琴伴奏下，高唱一首惠妮休士頓，高音被所有人的鼓譟削尖，待會就用這個分貝跟女王姿態，把尖銳的憤怒丟回女牙醫身上。我看著滿室歡笑的人們，有黑人、白人、黃種人，有男人、女人、變性人，有些愛男人，另外一些愛女人，少數幾個男女都愛，性別不是重點，「愛」才是關鍵字。刻板不刻板不重要，這些人都勇於做自己。柏林是個性別開放的城市，市長沃夫萊特（Klaus Wowereit）是個出櫃的同志，在各大場合都可以看見他與伴侶的身影，選民把票投給他，性向不在考量範圍，政績才是重點。從二〇〇一年八月起，德國立法開放同志伴侶法，雖然在稅務、領養方面仍與一般異性戀婚姻不同，但已經給予同志許多保障。同志們在柏林可以享用絕對的性別自由，沒有打著神的名號來行歧視的團體敢大聲鼓吹仇恨。

其實柏林的同志運動與各地的性別平權運動一樣崎嶇，一路上血淚斑斑。

大部分的人都知道納粹屠殺猶太人，但許多人都不知道納粹也迫害同性戀。納粹在掌權後，開始有計劃地「清洗」社會，摧毀無法生育的同志社群，只因他們無法「增產報國」。一九三五年，納粹把原

同志市集，現場有一小面牆，讓小朋友們對著牆踢足球，小腳大力一踢，牆應聲倒地。牆的碎片上，寫著各種針對同志的偏見：「娘娘腔」，小腳踢掉仇恨偏見。

本就存在的刑法一七五條擴大，成為逮捕同志的法源，無數的同志被關進集中營裡，因為自己的性向被宣告死刑。戰後，全世界聲討希特勒的罪行，同志被迫害的事實卻完全被遺忘。這定於一八七一年、被納粹擴大的刑法一七五條惡法，竟然被以民主為自豪的西德沿用，一直到一九六九年才廢除。

二〇〇八年五月，向納粹期間被迫害的同志族群致敬的紀念碑，終於在柏林落成揭幕。這個紀念碑就位在動物公園裡，線條堅硬的灰色立方體裡，有一小個開口，開口裡不斷播放影片，裡頭一對忘情親吻的同志戀人，用親吻抵抗偏見洪流。在納粹時代，在街上男男親吻就會遭到逮捕，此時，德國選擇面對自己做過的惡行，用紀念碑提醒世人，親吻無罪，愛男愛女都是天生自然，歧視就此終止吧。

每年夏天，柏林都會有盛大的同志遊行，華麗的花車播放著高分貝的熱門音樂，歡慶性別自由。同志遊行的前一週，柏林會舉辦露天同志市集，讓同志團體前來設攤，一九九九年夏天我第一次來柏林，剛好就遇到了同志市集。當時有個畫面讓我很震驚：一個小女孩在某個攤位前玩弄假陽具，她大聲問爸媽：「爹地，媽咪，這是什麼？」她的爸媽完全沒有阻止她，沒有呼天搶地擔心小孩從此墮入性的罪惡淵藪，只用很平常的語調說：「親愛的，這是假陽具（Dildo）。」

今年我又去了同志市集，現場有一小面牆，讓小朋友們對著牆踢足球，小腳大力一踢，牆應聲倒地。牆的碎片上，寫著各種針對同志的偏見：「娘娘腔」、「同志都有愛滋」等，小腳踢掉仇恨偏見。把一個性別自由的社會交棒給下一代，這是世代傳承的責任。

柏林的同志遊行，每年越辦越盛大，已經成為旅遊書大力推薦的「柏林經驗」。但每年同志遊行這天，我都會繞過載滿六塊腹肌猛男的花車同志遊行，來到「十字山區」參加城市裡的另一個同志遊行。這個同志遊行有很清楚的政治訴求，要求政府更正視同志的權益。主辦單位沒什麼經費，遊行卡車都是用最便宜的方式組裝而成，參加的人們不展露身軀，而是比較嚴肅地對抗歧視。這是一個另類的柏林同志遊行，雖然人潮幾乎都聚集在城市另一個大型的華麗遊行，但這裡有更多性別團體的嚴正訴求，不准恐同症入侵柏林。「十字山區」是土耳其穆斯林社群聚集的地方，酷兒孽子荒人拉子鱷魚姊妹就在社群眼前招搖過市，穆斯林也必須學會尊重同志。

卡爾斯登的遊行隊伍，浩浩蕩蕩出發。我因有採訪工作而必須離開，無法目睹對抗

恐龍牙醫的行動。這城市常有許多小規模的抗議活動，市民受到不平等對待，可不會靜靜地吞下遭遇。幾年前，位於「諾蘭多夫廣場」（Nollendorfplatz）的冰淇淋店Dolce Freddo，就嘗到同志社群的憤怒。

「諾蘭多夫廣場」是柏林同志聚集的社區，幾對男女同志伴侶在店裡買冰淇淋時有親密的動作，竟然遭到老闆無理對待，要求他們要親請去別的地方親，不要在他店裡做讓他不舒服的動作。同志社群馬上發起柔性抗議活動，數百對同志伴侶聚集在冰淇淋店外，在陽光下開心地親吻，抗議冰淇淋店的羞辱。我的英國朋友麥特就住在這附近，他帶著老婆小孩前去買冰淇淋，在老闆面前用力親吻，他老婆故意用低沉的嗓音對老闆說：「我是變性人，我上禮拜還有小雞雞喔。算了，不買了，你賣的冰的口味是歧視，我們吃了會拉肚子。」

「十字山區」的另一個同志遊行。這個同志遊行有很清楚的政治訴求，要求政府更正視同志的權益。

他們不要小孩在一個有性別歧視的社群下長大，老闆你不長眼，就請你看看弱勢族群如何能在短時間內讓你的生意一落千丈。

牙醫被抗議的陣仗給嚇壞了，迅速道歉，承諾給予免費診治。結果現場的朋友全都突然牙痛，他要補牙、她要根管治療，馬上預約免費診療時間。女牙醫心中的歧視一定還在，但至少，她不得不學習尊重。醫療歧視一旦成立，她可是會失去執業證照。

這是柏林，族群共生的都市。這城市可以這麼驕傲地站在世人面前，因為弱勢團體可以大聲說話，同志可以當上市長，國會裡的外交部長也是出櫃的同志。男人、女人，黑人、白人、黃種人，愛男人、愛女人，都是人，都是柏林人。

狂城

大多數的人對德國人的印象，都是拘謹、嚴肅、不苟言笑。但柏林人不斷推翻這些刻板，他們狀似冷漠，但一旦掙脫束縛，就散髮張狂，禮法皆拋。《禮記》文「一國之人皆若狂」，柏林的狂野很集體，群眾悖離秩序。抓狂時刻，男女老幼皆放肆，何來端莊。

我第一次體驗到抓狂的柏林，是來柏林的第一個跨年夜。聖誕節剛過，超市、街上都在販賣煙火鞭炮，人們買一包洋芋，結帳時順便買下一大袋鞭炮。初到這裡，我很想知道柏林人怎麼歡慶年度交接時刻，於是跟著朋友一起到了「十字山區」的丘陵去，跟群眾一起倒數。這個丘陵的頂端可以俯瞰整個柏林市，我們在背包裡放了香檳、酒杯、點心、野餐毯、保暖毛毯，找了位置，準備迎接新年度。

倒數時刻之前，人潮湧入山丘，新年度步步逼近，山丘開始著魔，男女老少拿出各式鞭炮恣意燃放。此物我最怕，尤其四處亂竄、爆炸力猛的鞭炮。倒數時刻終於來臨，柏林瞬間變成臺南鹽水鎮區，火花

蛇進我的大衣，爆裂聲竄進我的耳朵。但我沒有雨衣、口罩、安全帽，只能用高分貝的尖叫，徒勞無功地嚇阻鞭炮往我炸過來。我倉皇地逃離山丘，香檳杯子被我留在山上。一路上，柏林人的臉都帶上了猙獰的面具，煙花炸開，點亮狂歡的失控表情。從山丘看整座城市，煙硝瀰漫，所有顯著的高地標全都消失在煙火裡。街道上也不安全，陽臺上有小孩點燃沖天炮往行人射，頑皮的青少年把砲丟到停靠路邊的車底，連地鐵的車廂裡都有人放鞭炮。回到家後，我誇張地覺得浩劫歸來，能活到新年度，真是太幸福了，所以我決定新年度一定要開心過。

一整年，柏林人只能在跨年夜盡情放鞭炮，否則違法，於是大家在這晚盡情燃放。我看到一個老婦人，用仙女棒點燃沖天炮，瞳孔裡滿是調皮血絲，她把沖天炮炸向對街的大樓，鞭炮炸開，她的笑聲也盛開。我快速離開，深怕成為她鎖定的下個目標。狂放當中，爆竹搭配嘶吼，展望夾雜遺忘，新舊時間的交接點上，柏林用暫時的失序道新年快樂。德國人說「好好滑一跤」（Guten Rutsch）來祝福新年快樂，煙硝當中，柏林人滑進新的一年。

我最瘋狂的柏林體驗，則是上樹橋的「蔬果大戰」（Gemüseschlacht）。上樹橋是柏林「十字山區」和「斐德里斯漢區」兩個行政區的交界，前幾年有人突發奇想，在橋上發起蔬果大戰，讓

兩邊的居民用爛蔬菜水果、水槍互相攻擊，看哪邊先把對方逼到橋邊，就可當場宣布為勝者。

我幾年前不知道這個瘋狂的活動，騎腳踏車經過橋上貪看河上風光時，無端捲進蔬菜大戰，被爛蔬菜打得落荒而逃。今年我可是準備萬全，全身穿上防護衣，包包裡有水球、番茄醬、巧克力醬，用防水布包覆攝影機，在正午時分從我家出發，代表「斐德里斯漢區」出征，這是我的家園，我要用水球保衛。結果在路上就有人跟我說：「聽說臨時取消啦！」但我已經花一上午的時間準備水球，決定至少也該去橋上看看到底狀況如何。

一到了上樹橋，我就看到警力在橋兩端強力佈署，不斷對著準備來大顯身手的柏林人喊話：「今天的活動取消了。」但叛逆的柏林人哪肯這麼容易就聽警察伯伯的話，人潮依然開始聚集，橋旁邊的小公園裡，蔬果大戰忽然引爆，大家開始互扔水果，用廢物做成的陽春盾牌抵擋飛過來的蘋果，大家開始用軟性沒有實質殺傷力的玩具武器追打，整個場面開始失控。剛好柏林大選，候選人滿街張貼的競選廣告被群眾取下，就地當盾牌。鎮暴警察在旁邊待命，並沒有喝令阻止，反正也許這些瘋狂的大人在公園裡打一打就放棄回家了吧。想不到，這一開打就不可收拾，大量人潮迅速聚集，蔬果水槍滿天飛，人群離開公園往街頭去，演變成警民街頭對峙，記者的攝影機待命，準備搶拍隨時都會爆發的肢體對抗。我在一旁觀察地形，心想若是這場面失控，我就要往那條小巷跑，以免被捲入紛爭，我可不想以番茄醬攻擊警察的罪名進警局。

突然，在群眾情緒高漲時，鎮暴警察宣布：上樹橋即將封閉給蔬果大戰的人們，要打的人，回橋上去吧。

很快地，群眾通通回到了淨空的橋面上，水球、香蕉、西瓜皮在空中飛舞，兩方人馬開始拿軟管互打。大家都邊打邊笑，瘋了癲了，遺失的孩子氣瞬間回歸，平常的生活壓力一下子洩洪，肢體徹底解放，推擠笑鬧當中，一城皆狂。我在橋上撿到學游泳用的長條漂浮輔助，抓了就開始跟著群眾互打了起來，這真是街頭對打的電玩遊戲真人版。這「打」不是真打，敵我雙方都笑到沒力氣，天地任我們瞎鬧。

我因為想拍到遠景，撤退到早就物色好的制高點拍攝橋上大戰。在路上遇到一對美國夫婦攔下問我：「發生了什麼事？怎麼大家好像都瘋了？」我試圖在最短的時間

WAF

Berg

Die PARTEI
Bildung
und
gebührenfrei
Am Oberbaum
Oberbaumbrücke

內解釋清楚，但他們繼續問：「可是怎麼知道誰是來自哪邊？還有這打來打去有什麼意義？」

我答不出來，因為根本沒有合理的答案。混亂當中，當然沒人知道誰是代表哪一區，這抓狂的街頭對打，其實也沒什麼深層意義，就是一種城市文明的平衡，用幼稚的野蠻，調和平日的端正。其實每個人偶爾都需要瘋狂，肌骨靈魂可在蔬菜大戰當中徹底撒野。其實能有機會這樣公開胡搞瞎搞，真的毋需端莊了，反正一轉身，宗教、律法、衛道、教條都在等著我們，此刻不如就瘋了，往前衝。隔天回到冰冷的辦公室，才能比較甘心地當個規矩文明人。

我站在制高點上看橋上的混亂，身上有腐爛蔬果的味道，臉上被噴了番茄醬、芥末醬，背包上都是果皮殘渣跟奶油。風把橋上的歡呼傳遞到遠方，「十字山區」贏了！我開心地笑著，像小時候跟姊姊們打枕頭戰之後，那種汗濕痛快的盡興。

我在風裡跟著橋上的人們瘋狂吶喊。贏了！輸了！警察屈服了！橋是人民的！

我在這制高點看著這座叛逆的狂城，聽著橋上人們的勝利吼叫唱誦，Kreuzberg！Kreuzberg！我的身體彷彿被吹氣快速膨脹，輕飄飄地，隨時可以被風帶走。我感到自由，真正的自由。柏林在天上、橋上、地下、河裡，也在我身體裡。

我從制高點往下衝，要去橋上跟瘋狂的人們在一起。

我一路吼著：「柏林，我來了！」

Y　角　度　026

叛逆柏林

國家圖書館出版品預行編目（CIP）資料

叛逆柏林／陳思宏著．-- 二版．-- 臺北市：健行文化出版事業有限公司，2021.06

240 面；17×23 公分．--（Y 角度；26）

ISBN 978-986-99870-9-7（平裝）

1. 旅遊文學　2. 德國柏林

743.719　110006501

作　　者——陳思宏
攝　　影——Achim Plum & 陳思宏
責任編輯——曾敏英
發 行 人——蔡澤蘋
出　　版——健行文化出版事業有限公司
台北市 105 八德路 3 段 12 巷 57 弄 40 號
電話／02-25776564・傳真／02-25789205
郵政劃撥／0112263-4

九歌文學網　www.chiuko.com.tw

印　　刷——前進彩藝有限公司
法律顧問——龍躍天律師 ・ 蕭雄淋律師 ・ 董安丹律師
發　　行——九歌出版社有限公司
台北市 105 八德路 3 段 12 巷 57 弄 40 號
電話／02-25776564・傳真／02-25789205
初　　版——2011 年 12 月
二　　版——2021 年 6 月
定　　價——350 元
書　　號——0201026
I S B N——978-986-99870-9-7